NEW MEDIA COMMUNICATION

# 新媒体
## 传播

刘雪梅　王泸生　编著

暨南大学出版社
JINAN UNIVERSITY PRESS

中国·广州

图书在版编目（CIP）数据

新媒体传播/刘雪梅，王泸生编著．—广州：暨南大学出版社，2018.9
（2023.10 重印）
ISBN 978 - 7 - 5668 - 2494 - 3

Ⅰ.①新…　Ⅱ.①刘…②王…　Ⅲ.①传播媒介—研究　Ⅳ.①G206.2

中国版本图书馆 CIP 数据核字（2018）第 207562 号

**新媒体传播**
XINMEITI CHUANBO
**编著者：刘雪梅　王泸生**

-------------------------------------------------------------------------

出 版 人：张晋升
策划编辑：曾鑫华
责任编辑：曾小利
责任校对：高　婷
责任印制：周一丹　郑玉婷

出版发行：暨南大学出版社（511443）
电　　话：总编室（8620）37332601
　　　　　营销部（8620）37332680　37332681　37332682　37332683
传　　真：（8620）37332660（办公室）　37332684（营销部）
网　　址：http：//www.jnupress.com
排　　版：广州市新晨文化发展有限公司
印　　刷：广东虎彩云印刷有限公司
开　　本：787mm×1092mm　1/16
印　　张：12.25
字　　数：193 千
版　　次：2018 年 9 月第 1 版
印　　次：2023 年 10 月第 4 次
定　　价：39.80 元

（暨大版图书如有印装质量问题，请与出版社总编室联系调换）

# 目　录

# 第一章　新媒体概述

新媒体是指 20 世纪后期以来，由计算机及网络技术催生的媒介传播新产物。新媒体的进程是媒介发展的新一轮的革命性进程，目前仍然在发展进化。新媒体的名称其实并不是准确的指称，而只是一个相对的概念，犹如广播相对于报纸是新媒体，电视相对于广播是新媒体，互联网相对于电视又是新媒体。

要准确理解新媒体的概念，必须先从新媒体产生的技术源流、作用机制、对传统媒体的冲击等方面详尽理解。

## 第一节　新媒体概说

### 一、新媒体概念

新媒体的概念目前并没有一种权威的界定。一方面，新媒体本身只是一种描绘，并非一个精确的概念；另一方面，它的内涵和外延在媒介技术的革新中仍在不断发生变动。从不同的角度、根据不同的参照，人们都能够看到新媒体的不同表现和特点，导致人们对新媒体的界定众说纷纭、莫衷一是。目前，比较有影响力的观点主要有：

美国《连线》杂志社认为，"新媒体是所有人对所有人的传播"①。

联合国教科文组织对新媒体的定义为："以数字技术为基础，以网络

---

① 杨琳桦.科技是第七种生命形态［N］.21 世纪经济报道，2010－11－26（13）.

为载体进行信息传播的媒介。"①

清华大学新媒体研究中心主任熊澄宇教授认为，"新媒体是个相对的概念。今天的新媒体主要指：在计算机信息处理技术基础上产生和影响的媒体形态，包括在线的网络媒体和离线的其他数字媒体形式"②。

清华大学崔保国教授认为，"所谓新媒体，并没有明确的定义，一般包括录像、多媒体、有线电视、卫星电视、光纤通信、综合数字通信网等。其中，渗透性最强、影响面最大的是高速信息公路和多媒体技术"③。

当然，还有其他一些观点，比如"新媒体是在互联基础上实现多对多或点对点传播，具有与用户互动等交互功能的媒体形式""当新的传播形态达到大众传媒的规模，即是新媒体"④"新媒体是指人们在交流信息的过程中制作、传播、接受、文化影响等可以用计算机技术实现的互动数字传播平台"⑤。

综上所述，新媒体是一个相对的概念，是在报刊、广播、电视等传统媒体的基础上发展起来的新的媒体形态；也可以认为，新媒体这个一直处于变动的概念，宽泛地包括所有数字化的传统媒体、网络媒体、移动端媒体、数字电视等。目前主要是指以互联网技术、数字技术、移动通信技术为基础，向用户提供内容资讯、音频视频、连线游戏、数据服务以及在线教育等集成信息和娱乐服务的新兴媒体。它有两个最核心的改变，一是传播媒介由传统媒介变成了基于互联网的新媒介，二是传播者由权威媒介组织和媒介机构变成了所有人。

---

① 匡文波. 关于新媒体核心概念的厘清 [J]. 新闻爱好者，2012（19）：32–34.
② 熊澄宇. 中国媒体走向跨界融合 [N]. 北京青年报，2008–08–18.
③ 崔保国. 技术创新与媒介变革 [J]. 当代传播，1999（6）：23–25，33.
④ 石磊. 新媒体概论 [M]. 北京：中国传媒大学出版社，2009：8.
⑤ 黄传武，等. 新媒体概论 [M]. 北京：中国传媒大学出版社，2013：3.

## 二、新媒体技术

据文献记载，新媒体这一概念最早见于 1967 年。美国哥伦比亚广播公司（CBS）技术研究中心负责人彼得·卡尔·戈德马克（Peter Carl Gold-mark）博士发表了创新研究成果报告，随后国际主流媒体对其系列成果应用与娱乐产业的实践进行了广泛报道。在研究中，戈德马克用新媒体（New Media）以区别广播、电视、报纸等以电波、图像、文字传输为主的传统媒介，这一概念应运而生。1969 年，美国传播政策总统特别委员会主席罗斯托在向当时的美国总统尼克松递交报告的过程中，多次使用 New Media 一词，新媒体由此开始广为传播。

### （一）计算机与因特网

新媒体的发展同计算机及网络技术的发展密不可分。

世界公认的第一台电子数字计算机通常认为是 1946 年面世的、主要用于计算导弹弹道的"ENIAC"。它由美国宾夕法尼亚大学莫尔电工学院制造，它体积庞大，占地面积 170 多平方米，重量约 30 吨，耗电功率约 150 千瓦。另一种说法称，最早的电子数字计算机应该是美国爱荷华州立大学的物理系副教授约翰·阿坦那索夫（John Vincent Atanasoff）和其研究生助手克利夫·贝瑞（Clifford E. Berry，1918—1963 年）于 1939 年 10 月制造的"ABC"（Atanasoff-Berry-Computer）。无论如何，ENIAC 的投入使用标志着电子数字计算机进入实用化阶段。第二次世界大战期间，由霍德华·爱肯（Howard Hathaway Aiken）设计制造的 Mark－I 被认为是世界上第一台自动机电式计算机。这台计算机的体积相对较小，高 2.4 米，长 15.3 米，重达 35 吨。

二十多年后诞生的 Internet 可以说是美苏冷战的产物。1969 年，美国国防部高级研究计划署（Defense Advanced Research Projects Agency，简称 DARPA）开始建立一个命名为 ARPAnet 的网络，将美国的几个军事及研究系统用电脑主机连接起来。当初，ARPAnet 只连接 4 台主机，从军事要求上是置于美国国防部高级机密的保护之下，从技术上它还不具备向外推广的条件。1969 年 10 月 29 日是个值得纪念的日子，斯坦福大学的一台电脑和洛杉矶加州大学的一台电脑连接起来了，这标志着互联网的正式诞生（下图为当天的合影）。

1968 年，美国国防部高级研究计划署网络项目（ARPAnet）启动。1969 年，首次网络连接实验成功。20 世纪 70 年代，ARPAnet 进入发展的关键时期，由两点链接拓展到 200 多个连接，但仍局限在高级军事领域。1972 年，全世界计算机和通信业的专家在美国华盛顿举行了第一届国际计算机通信会议，就不同计算机网络之间进行通信达成协议。会议决定成立 Internet 工作组，负责建立一种保证计算机之间进行通信的标准规范（即"通信协议"）。1974 年，IP（Internet Protocol, Internet 协议）和 TCP（Transport Control Protocol, 传输控制协议）问世，合称 TCP/IP 协议。该协议为后来信息全球化时代的到来提供了初步的平台，1983 年成为互联网上的标准通信协议。因特网从战争机器转变为人类信息服务的平台始于"冷战"结束。[1]

## （二）Web 技术的演进与飞跃

Web（World Wide Web）是一种以 Internet 为基础的计算机网络连接技

---

[1]  叶平，罗治馨. 计算机与网络之父 ［M］. 天津：天津教育出版社，2001.

术，它允许用户在一台计算机通过 Internet 存取另一台计算机上的信息，这是网络世界得以建立的基础。从技术角度讲，网络是 Internet 上那些支持 WWW 协议和超文本传输协议 HTTP（Hyper Text Transfer Protocol）的客户机与服务器的集合，通过它可以存取世界各地的超媒体文件，内容包括文字、图形、声音、动画、资料库以及各式各样的软件。这也使得任何新的计算机都可以将散落在网络空间的各种信息进行无缝对接与组合，形成新的站点和内容。也可以表达为，超文本、超链接、超媒体是 Web 技术的重要表现形态。Web 技术的发展经历了以下几个阶段：

### 1. Web 1.0：信息的聚合与搜索

Web 1.0 指 Web 的第一代实用技术形态，始于 20 世纪 90 年代，其主要使用静态的 HTML 网页来发布信息。从传播学的角度看，Web 1.0 形态仍属于传统的媒介信息传播阶段，即信息发布者扮演着精英的角色，其传播信息是"推送式""灌输式"，用户浏览获取信息实际上仍然是单向度的传播模式。但是相比传统媒体，Web 1.0 也有特殊功能，它善于集纳、整合各类破碎、零散、微小的信息，并直观地展示出来，而且用户能在各类网站上通过鼠标点击完成"超链接"。

也可以说，Web 1.0 技术在很大程度上依靠其"超链接"来实现聚众功能。它能够把各类不同的、分散的、碎片的信息进行重新整合，并重组资源形式与资源内容，让小内容释放出大能量。分散在社会各个角落的庞杂信息，因 Web 1.0 而可以聚合连接在一起，在人类信息传播史上，这是一个了不起的创举。人类从此真正进入了信息时代，各类信息样式崛起，让人们目不暇接。Netscape、Yahoo、Google 公司的技术创新成为 Web 1.0 时代的最好诠释。其中 Netscape 研发出世界上第一个大规模的商用浏览器，Yahoo 的杨致远提出了互联网黄页的概念，而 Google 后来居上，推出了大受欢迎的搜索服务。

Web 1.0 重新组合信息资源的功能，为用户提供了信息无限获取的可能性以及信息迅速搜索的便捷性。可以说，在 Web 1.0 时代，人们获取信息的时间和方式都发生了空前的变革。但 Web 1.0 带来的信息传播仍以单向度为主；用户的主体性地位尚未完全体现；人与人之间的直接沟通以及用户参与信息选择与共建信息的能力并未体现。

## 2. Web 2.0：用户的互动与共建

2004 年，欧雷利媒体公司（O'Reilly Media）的副总裁戴尔·多尔蒂（Dale Dougherty）在一次会议上将互联网的新动向用"Web 2.0"一词进行阐述。随后，公司首席执行官（Chief Executive Officer，CEO）蒂姆·欧雷利（Tim O'Reilly）组织了一场头脑风暴，描述了 Web 2.0 的框架。由此，Web 2.0 这一词汇成为新媒体受众探讨的关键词并逐步走向主流。此后，一系列关于 Web 2.0 的相关研究与应用迅速发展，Web 2.0 的理念与相关技术日益成熟，使得 Internet 的应用在变革与应用的基础上得到进一步的创新发展。BBS、博客、威客、维基百科等新兴网络传播形态应运而生。

Web 2.0 是 Web 1.0 的技术升级与产品优化，它在 Web 1.0 的基础上着重发展了互联网用户之间强有力的互动。在 Web 2.0 时代，用户不仅可以获取信息，还可以交换信息、反馈信息。这样，普通用户不仅仅是信息的接收者，也是信息的制作者。在网络信息的传播使用过程中，信息的接受者成为信息的参与者、互动者、分享者，传播主体由原来的单一性变为多元化；草根阶层与精英阶层实现了真正意义上的对话与交流。信息及文件的共享成为 Web 2.0 发展的主要支撑和表现。Web 2.0 模式大大激发了用户创造和创新的积极性，使 Internet 变得更加生机勃勃。

从传播学意义上讲，在 Web 1.0 时代，用户通过浏览器获得信息，用户仅仅是信息的使用者，而不是信息实现互动的参与者与建构者。Web 2.0 提升了用户的自觉性，注重用户的交互性。用户不再是被动的信息接收者，同时也是信息的参与者、推动者与生产者。Web 2.0 时代的用户已拥有了信息传播主人公的身份，他们拥有传播权、知晓权、接近权等众多主体性权利。同时，Web 2.0 使人与人在新媒体平台上能够有效沟通，让沟通、交往、参与、互动富有人性化色彩。Web 2.0 以博客为代表，博客的出现成为网民表达心声的一种渠道。

## 3. Web 3.0：现实的虚拟与体验

Web 3.0 是 Web 2.0 的升级版，它在纵向上延展了 Web 2.0 的技术范畴与传播维度。早在 Web 2.0 的概念被媒体广泛关注之时，Web 3.0 的设计就已开始。Web 3.0 是建立在全球广泛互联节点（与用户）无障碍互动的概念上的，具有人工智能的特征。如果说 Web 2.0 和 Web 1.0 解决了互联网"读"与"写"的物理与逻辑层问题，那么 Web 3.0 要解决的则是在这两层之上的表象或语意层的问题。具体说来，Web 3.0 网站内的信息可以直接和其他网站相关信息进行交互，能通过第三方信息平台同时对多家网站的信息进行整合使用；用户在互联网上拥有自己的数据，并能在不同网站上使用，完全基于 Web，用浏览器即可实现复杂的系统程序才具有的功能。

如果说 Web 2.0 以用户为中心进行信息传播，那么 Web 3.0 就是一个为用户提供更多可能性的平台。实际上 Web 3.0 一词包含多层含义，可以用来概括互联网发展过程中某一阶段可能出现的各种不同的方向和特征，包括将互联网本身转化为一个泛型数据库；跨浏览器、超浏览器的内容投递和请求机制；人工智能技术的运用；语义网；地理映射网；运用 3D 技术搭建网站甚至虚拟世界或网络公国等。①

在 2006 年 11 月的 Technet 峰会上，Yahoo 的创办人兼 CEO 杨致远对 Web 3.0 作了细致阐述："目前对 Web 2.0 的归档和讨论很多。借助网络级别所能达到的效能，网络的力量已经到达了一个临界点。我们同时也看到最近级别所能达到的效能，网络的力量已经到达了一个临界点……你不一定得是计算机科学家才能创作出一个程序。这种现象在 Web 2.0 里初现端倪，而 Web 3.0 将更加深化，是一个真正的公共载体……专业、半专业和消费者的界限越来越模糊，创造出一种商业和应用程序的网络效应。"②

Web 3.0 是一种更加深入、更加专业、更加广泛的技术，它比 Web 2.0 的互动更加深入，它创制了一个虚拟的类像世界，让用户体验仿真的快乐与模拟的真实。我国新闻学者喻国明教授认为："Web 3.0 时代是由于网络的后台技术的进一步智能化，它使传媒机构具有更加强大的对于极其丰富的网络资源的提纯、整合的技术能力或应用模式（如维基百科、'第二人生'、人肉搜索等），充分利用全社会的微力量、微内容、微价值，形

---

① 大卫·西格尔. WEB 3.0：互联网的语义革命［M］. 管策，译. 北京：科学出版社，2013.
② Https：//www. digitaling. com/arteles/10498. html.

成具有智能化、个性化、定制化的内容服务产品及相关的衍生产品。"①

总之，媒介技术的发展在不断地服务于人类社会的需要。Web 1.0 满足人们对信息的需求；Web 2.0 解决了人与人之间的交往与互动；Web 3.0 深化了互动机制，不断满足人们对现实世界的虚拟体验以及仿真模拟的需求。

## （三）网络及媒体

从 Web 1.0 到 Web 3.0，不仅是网络技术和网络应用的发展，其本质上也是信息传播途径及传播方式的革命性变化。在传统社会，人们依赖书籍、报刊及广播电视来传播和接收信息，网络技术的发展为人们提供了另外一条途径，这场信息传播的变革当然不可避免地对以报刊和广播电视为代表的传统媒体形成了巨大冲击。

这种根据网络技术发展形成的信息传播新途径足以同任何一种传统媒体形式相提并论，于是人们自然地开始用新媒体这个概念来形容和概括这种新形态。

# 第二节　新媒体特征

## 一、数字化

数字化是人们对计算机及网络应用本质特征的最集中的一种表述和归纳。2012 年 4 月 21 日，英国《经济学人》杂志以专题形式论述了当今全球范围内正在经历的第三次革命（the Third Industrial Revolution），即数字化革命。尼古拉斯·尼葛洛庞帝（Nicholas Negroponte）在《数字化生存》（*Being Digital*）一书中将 digital 具体解释为：数字化技术是一种并不复杂的系统，主要是将信息编织成为计算机可以识别的二进制代码 0 和 1，再转化为脉冲信号，最后计算机就以一种人们可以识别的符号传递出信息。

---

① 喻国明. Web X.0 时代的传媒运营新法则 ［J］. 编辑之友，2009 (6)：6 - 8.

无论是图片、视频还是文字都可以这种数字化的方式最终呈现在受众眼前。因此，新媒体在某种意义上可以说成是"数字化媒体"。①

也有人将数字化表述为"在网络社会中，人们的社会关系都是建立在以比特为单位的数字化信息的编译、存储、传递、交换和控制的基础之上，并通过这一系列基本的数字化的互动过程而反映出来"。② 在数字化基础上，人们可以在任何时间、任何地点以数据、文字、语言、声音、图画等方式与任何人进行对话和交流。

## 二、虚拟性

人们将网络空间概括为虚拟性，主要是因为网络上呈现出来的纷繁复杂的信息其实都是建立在计算机对一系列 0 和 1 信号的处理基础上。作为新媒体最重要的基本属性，虚拟性伴随新媒体成长不断拓展，并衍生出了虚拟人类、虚拟社区、虚拟商品等具有虚拟价值的新媒体产物。

人们在网络虚拟空间里获得了海量的真实信息，不仅极大地丰富了人们对现实世界的理解，同时也对现实世界产生了巨大影响。2001 年，英国报业联合会新媒体公司推出了全球第一位虚拟人物——"阿娜诺娃"，为全球网民提供 24 小时的信息播报服务。此外，虚拟社区、社交媒体、网络视频、电子商务等形态对社会生活的改变也是有目共睹的。这也说明，网络社会是一个无限延伸的世界，它既是虚拟的，也是实在的。虚拟世界并非虚假世界，虚拟世界实际上是人类对现实世界体验的再现与延伸，可以说，网络社会是包含了虚拟属性的现实世界。

## 三、交互性

1948 年拉斯韦尔（Harold Lasswell）在《传播在社会中的结构与功能》一书中提出了传播的"SW"模式。这一传播模式呈现出线性的单向传播

---

① 尼古拉·尼葛洛庞帝. 数字化生存［M］. 胡泳，范海燕，译. 海口：海南出版社，1996.
② 郭颖，唐智. 虚拟现实和网络社会的虚拟性［J］. 黄石高等专科学校学报，2002，18（1）：69－71.

特征，也是传统媒体惯用的传播方式。这种传播模式存在一定的弊端，即传播者和受传者角色的固定性，双方很容易被固定为一方只能是传播者，而另一方只能是受传者的角色，进而影响传播的效果，缺乏受众对信息的有效反馈。

然而，这种理论传播状况在1954年得到改善。施拉姆（Wilbur Lang Schramm）在《传播是怎样运行的》一文中提出了传播的"循环模式"①，传播者和受传者的地位在循环模式中比较模糊，双方处于平等的地位，都可以是传播者，也可以是受传者。此模式的重点是提出编码者与译码者的角色。新媒体就是循环模式的实践者。因为在新媒体时代，受众不再是"魔弹论"的靶标，不再是简单的信息接收者，他们成为信息生产与传播过程中的积极参与者和建构者。

## 四、跨媒介性

新媒体集合了文字、声音、图像、动画、游戏等拟态环境，超越了传统媒体各自单一的传播手段，成了一个集各种媒体优势为一体的融合媒体，它体现了媒体的"跨域传播"和"跨界融合"的特征。媒介融合不是简单的加减法，也不是媒介之间的物理结合，而是两种或两种以上的媒介在多层次、多领域、多维度的相互渗透与交融。新媒体与传统媒体之间并不存在显著的障碍，能实现有效的融合。新媒体从诞生的那一天起，就与传统媒体相互融合。即使在新媒体发展的高峰期，也没有摆脱与传统媒体之间的关联。技术的不断进步加速了新媒体之间的融合进程。不同形式的新媒体彼此间相互影响、相互作用，形成新时期新媒体的大浪潮。

新媒体除具有以上的特征外，还具有信息传播的即时性、信息传播渠道的多样性、信息传播的海量性、传播方式的灵活性等特征。

---

① 郭庆光. 传播学概论［M］. 北京：中国人民大学出版社，2011：119.

# 第三节 新媒体对社会生活的影响

## 一、大众生活方式的改变

### （一）新媒体与教育

互联网的各项功能和作用最初很大程度上就体现在教育方面。互联网对远程终端的访问功能为全世界不同地区教育科研机构进行信息沟通交流，提供了极大的便利。事实上，网络以及新媒体的迅速发展为教育科研的发展提供了巨大的推动，而教育科研的发展又促进了网络新媒体的进步。

互联网时代各种远程教育的方式打破了以往面对面授课的地域限制，使人们可以最大限度地突破时间和空间的局限，共享教育资源。同时，人们通过电子邮件、各种社交工具与专业人员交流，也能够极大满足不同求知欲望。在知识共享的同时，创造性学习被提上日程。学习者不能仅仅满足于获得一些固化的知识，还必须用创新性思维与网络接轨，为网络贡献自己的智慧，多种手段及方式交汇的混合式教育日益受到欢迎。

但是，网络及新媒体时代带给教育的影响具有两面性。早在 20 世纪 70 年代，美国学者蒂奇诺等人就提出了"知沟"[①] 理论的假说。当然，"知沟""信息沟"以及"数字鸿沟"等问题的提出，提示我们在网络和新媒体时代，在各种信息资源高度丰富、高级共享的条件下，由传播技能、知识储存量、社交范围、信息选择等差异所带来的信息不对等、信息资源占有不均衡的问题，有可能进一步拉大人们之间信息流的不对称。

---

① 郭庆光. 传播学教程［M］. 北京：中国人民大学出版社，1999：230.

## （二）新媒体与伦理

### 1. 个人私隐

个人私隐又称个人隐私，指公民个人生活中不愿为社会公开或他人知悉的个人信息。在现代社会中，个人私隐是个人权益中非常重要的部分，并得到道德及法律法规等各种社会规范的保障。私隐权是自然人享有的对其个人的、不涉及公共利益的个人信息、私人活动和私有领域进行支配的一种人格权。

个人私隐包括个人身份信息，如姓名、性别、出生日期、住址、电话号码、银行账号、密码、QQ 号、微信号等；个人生活信息，如生理数据、身体状况、职业、职务、爱好、经历等；个人社会关系信息，如家庭、亲属、朋友、同乡、同事等。

在网络及新媒体条件下，在有信息社会之称的现代社会中，我们不仅能够高度共享各类公共知识和公共信息，也很容易接触和了解到个人的各类私隐信息。一方面，这是各类信息高度重合、高度共享的自然结果；另一方面，这也是部分机构及个人恶意利用网络的便利，为获取非法利益，故意收集、窃取、盗用及散播他人私隐的结果。我们有必要建立和完善各种切实有效的法律和行政措施，建立健康的网络空间，使每个社会成员都能够在个人私隐得到切实保护的基础上，充分享受信息社会的便利，共享新媒体带给社会生活的全新变化。

### 2. 人肉搜索

人肉搜索是网络社会建设和发展过程中非常特殊的一种社会现象，是网络社会里有关个人私隐问题的典型事例。人肉搜索简称人搜，区别于机器搜索（简称为"机搜"），是一种以互联网为媒介，主要通过人工方式对搜索引擎所提供的信息逐个辨别真伪，部分还通过匿名知情人提供数据的方式搜集信息，以查找人物或者事件内情的群众运动。

人肉搜索在社会上广泛为人所知，是伴随一系列网络爆红现象而出现的。据了解，人肉搜索最知名的是"猫扑网"，是接近"百度知道"一类的提问回答网站。在"猫扑网"上，一人提问八方回应，通过网络社区汇集广大网民的力量，追查某些事情或人物的真相与隐私，并把这些细节曝光。人肉搜索确实为揭露事实真相、揭发丑恶现象，甚至为反腐廉政、维护社会正义提供了实际帮助，但也产生了因对普通公民个人私隐的挖掘散播，造成无辜个人身心受到极大伤害的现象。人肉搜索的两面性引发了社会的广泛争议，人们在认可其积极作用的同时，也希望能够通过一系列社会管理手段对其加以约束，这样既能继续发挥其积极作用，避免将其"一棍子打死"，也能防止对普通公民个人权益造成损害。

### 3. 网络匿名性与信息失真

网络建设初期，人们关注的是更多信息的充分共享，即信息传播如何突破现实社会的既有约束，人们接触网络的第一感受往往是全新身份的轻松和自由，正如当初流行的一句话"在网上没有人知道你是一条狗"。

这种网络空间的个人角色新定位往往使信息发布者摆脱现实身份的约束，获得新的感受，也使得网络文化更容易带有消解权威、消解传统规范的鲜明特色。但是网络空间个人身份的匿名性客观上也造成虚假及不良信息泛滥的状况。这些信息的失真现象，一部分来自信息发布者自身的局限性，如主观臆测、片面夸大、情绪化等；另一部分来自信息发布者主观的恶意性，如故意曲解事实、无中生有、哗众取宠等。严重的时候，会给人以网上谣言满天飞、网络言论粗暴低俗、网络观点偏激无下限等负面印象。

我国当前正在努力推进落实的"网络实名制"，很大程度上是针对这些不良现象，但是只靠实名制难以完全解决网络信息失真的问题。实际上，在现实生活中个人社会身份高度明确清晰，社会行为规范完整严格，但往往还会出现流言盛行、真相不明、道德不倡的状况。因此，要解决网络空间信息失真现象，需要综合性的措施，不能简单片面。

### 4. 网络知识产权

由于网络建设的初衷是全人类信息的充分共享，共享一直是网络精神的主要内涵之一。人们在网络空间自由使用各类信息，觉得理所应当，这客观上也确实促进了网络的发展、社会的进步、知识的普及和文化的沟通。但是，信息的免费共享同现实生活中保护各种知识产权的法律及精神是矛盾的，尤其随着网络及新媒体的迅速发展，网络建设也从普及初创阶段进入规范完善阶段，各种新媒体艺术作品的创作、电子商务活动中对版权及商标专利权益的保护，客观上也是网络及新媒体发展的现实需要。

我们应该切实完善法律法规体系，有效保护网络空间的各种知识产权，打击违法犯罪行为。同时，也应尽早形成尊重知识产权、合理付费使用信息的良好行为习惯，创造更有创新性、更有生长活力的网络新媒体世界。

## （三）新媒体与文化

当今社会是经济全球化和信息多元化的社会，传统大众传播日益趋向分众传播，受众从传统媒体简单覆盖的对象成为各类新媒体争夺的对象。媒体资源的整合与竞争是信息化时代的必然趋势，不同媒体之间的合作与竞争进行排列、组合将是媒体市场及其信息传播形式多元化和多样化的根本所在。新媒体必须适应消费者的个性化需求，实际上反射出受众权利的一种提升。

现代社会本质上是一个以市场原则为导向的经济发展、物质丰富的世界，同时，人们的精神需求和文化需求很大程度上也是通过市场机制满足的。新媒体便捷的多媒体终端或移动终端使消费文化符号刺激现实世界，它还使出浑身解数，竭力讨好和刺激大众的"虚假需求"和"炫耀性"消费。新媒体能够使消费者以"廉价"的支出成本，去热爱原本有"品位"和"格调"的商品，从而形成大众文化消费的繁荣。也可以说，这种新媒体时代的大众消费文化是一种符号文化，一种复制文化，亦是一种赝品文化。

## 二、政治意识形态的功能和作用

随着网络、手机等数字新媒体的广泛应用，信息传播渠道更加宽畅、手段更加多元化，公众接收信息变得更加畅通、快捷，从而加速了社会信息平权意识的建立和加强。所谓平权，是权力平等的意思，广泛用于争取民族平等、性别平等、社会阶层平等等社会斗争运动中。新媒体打破了传统大众传媒时代信息传播的不平等，赋予普通的信息接收者更重要的地位，不仅能够对信息发布者进行有效反馈，还能够成为信息发布者，是信息平权的典型体现。信息平权是实现政治文明和社会文明的重要内容之一，也是实现人民民主、自由权利的一个重要方面。新媒体的发展使政府通过网络等数字新媒体实现公共信息公开与透明，使公民接触更多政府政务信息成为可能。政府政务信息和公共信息的公开既是政府"以民为本"的重要职责，也是各级政府网站的主要工作任务之一。

新媒体的社会环境监测功能与社会协调作用，对国家政治、意识形态发挥出越来越重大的影响。由于新媒体打破了传统媒体对大众传播渠道的垄断，其对于民意的汇集和反映具有前所未有的敏捷性，尤其是进入自媒体和大数据阶段后，这种对社会意见及民众声音的汇集反映，往往变得更加迅速、尖锐。对于社会治理和社会管理来说，这种状况具有比较显著的二重性。政府需要加强对新媒体使用的重视，努力使新媒体对现实政治发挥正面影响力。

综观国内外事件，新媒体对政治的影响力正在不断增强，包括国外的竞选活动、立法行为、政治斗争等，都广泛利用网络及手机媒体等各种手段。在国内，一方面，政府通过主动搭建公共信息平台来了解百姓对一些重大事件的看法、意见；另一方面，政府也通过新媒体进行政府思想的宣传。目前，党政机关普遍开设的官方微博、微信，也是着眼于新媒体的社会功能，努力使新媒体在促进政治治理行为公开、透明、有序的发展过程中发挥积极作用。

总之，新媒体正以不可逆转的方式影响着党和政府的执政方式与执政理念，对党和政府的意识形态管理工作不断形成新的挑战。党和政府部门如何面对"网络政治""网络民主""网络舆论""网络民意"，尤其在重大事件发生时能否有效利用新媒体手段快速反应和正确解决问题，已成为评价执政水平的一项指标。

## 三、对经济的影响及引起的变化

新媒体对经济的影响主要体现在现代企业和新媒体产业发展上。

一是通过计算机网络建立起电子商务的体系结构，从而形成独立高效的信息传播渠道，在市场营销中架设出一条从商品生产者直通消费者的信息高速桥梁，使得传统市场销售结构发生巨大变化。以淘宝及京东为代表的电子商务公司就是大家熟悉的典型代表，它们一方面颠覆了传统的商业体系，另一方面又极大地促进了社会消费，带动了社会经济的巨大发展。

积极运用各种新媒体手段开展品牌塑造及市场营销行为，是新媒体带给经济的另一个巨大变化。传统条件下，商品生产者主要依靠大众传媒进行广告宣传、营造品牌形象，这种方式成本高、效率有限。新媒体时代，厂家纷纷开设网页、官方微博、企业微信公众号等，利用大数据手段，对潜在客户进行精准营销。这种趋势不仅极大地改变了传统市场营销模式，也极大地提高了企业营销的效率。

同时，在购买支付行为方面，新媒体也给社会带来了巨大的变化。基于电子金融手段和商务网络终端技术的逐步完善，电子支付成为人们生活中更加方便的方式。生活中广泛应用的支付宝及微信支付，就是这种方式的典型代表。

总之，作为一种传播介质与传播手段，新媒体对新媒体产业本身及相关信息产业带来了巨大的经济效益。

# 第四节　新旧媒体间的融合

从大众传媒演变的历史过程来看，任何一种新媒体的出现都会引起新旧媒体之间的激烈竞争。这些竞争关系往往并不是"新"的媒体取代"旧"的媒体，并进而导致"旧"的媒体消失。一种"新"的媒体的出现本质上并不是对"旧"的媒体的替代，而是对"旧"的媒体的补充和扩展。如广播对报刊的冲击，是听觉媒体对阅读媒体的冲击，本质上是补充，而不是替代；电视对广播的冲击，是视觉媒体对听觉媒体的冲击，本质上也是补充，而不是替代，最后形成"新""旧"媒体共存的状态。但是网络和新媒体对传统媒体的冲击不同于历史，它不是以一种不同的、独立的方式出现，而是具有显著的综合性，即利用数字技术和网络技术，将所有传统媒体形式全部包容在一起，形成一种全能的媒体新形式，即所谓的

"媒体融合"。可以说，直到以网络与手机为代表的新媒体诞生，新旧媒体的融合才呈现出前所未有的规模与速度，并引发了全球性的新媒体革命。

## 一、什么是媒体融合

媒体融合（Media Convergence）的概念是美国麻省理工学院媒体实验室创始人尼葛洛庞帝在 1978 年首次提出。关于媒体融合的具体概念，最具代表性的有"技术融合论""大汇流论""大媒体论""生产融合论"。虽然这些定义都是从特定的视角来界定的，并不一定全面揭示媒体融合的内涵与外延，但对我们全面理解媒体融合的概念具有重要的认识价值。

### （一）对媒体融合的不同认识

#### 1. 技术融合论

尼葛洛庞帝对融合的界定是"所有的传播技术正在遭受联合变形之苦，只有把它们作为单个事物对待时，它们才能得到适当的理解"。他画了三个交叉的圆圈来代表计算机、印刷和广播三者的技术边界，认为三个圆圈的交叉处将会成为成长最快、创新最多的领域，并进一步认为"广播和动画业""电脑业"与"印刷和出版业"三个领域将会逐渐趋于融合。①

在计算机和网络技术的基础上，文件、对话、图片、音乐和影像等原来分别独立存在的数字信息都可以使用一种终端和网络来传播，这就大大加强了不同媒体之间的互换性和互联性。虽然这在当时只是一种设想或预言，还没有得到网络媒体大发展的实际印证，但从根本上指明了新旧媒体技术发展融合的趋势。

#### 2. 大汇流论

大汇流（Convergence）的概念，来自托马斯·鲍德温（Thomas Baldwin）、史蒂文森·麦克沃依（D. Stevens Mcvoy）、查尔斯·斯坦菲尔德（Charles Steinfield）三位学者对美国《1996 年电信法案》（*Telecommunica-*

---

① 罗杰·菲德勒. 媒介形态变化：认识新媒介 [M]. 明安香，译. 北京：华夏出版社，2000.

*tions Act of 1996*）的分析评价。他们认为这个法案结束了以往电信、有线电视、广播和计算机业各自为政的局面，产生"整合宽带系统"，为社会信息传播开创了一个数字化的时代，继而引发了大汇流。"整合宽带系统"也可以称为"全方位服务网络"，其发展取决于信息源、设备和软件的设计者和制造商、网络的建造者和经营者以及用户①。也就是说，信息传输渠道的"三网"融合引发了信息数字化和新旧媒体技术的融合，从而实现新旧媒体的融合。

### 3. 大媒体论

"大媒体论"来自美国学者凯文·曼尼（Kevin Maney）在《大媒体潮》一书中的界定，凯文·曼尼对新旧媒体的融合是这样解释的：在传媒业不分领域的全面竞争中，传统的大众传媒业、电信业、信息（网络）业都将统合到一种新产业之下，这个新产业就称作"大媒体业"（Mega - media）。在大媒体业爆炸性成长的同时，也会造成所有的企业都投入同一个市场，不是与他人结盟就是要和过去从未竞争过的对象竞争，媒体内部出现"崩陷"的效果。② 也就是说，大众传媒业、电信业和信息（网络）业将实现融合，形成"大媒体业"。

### 4. 生产融合论

中国人民大学新闻学院的王菲教授对新旧媒体融合的解释是："媒介融合是在数字技术和网络技术的背景下，以信息消费终端的需求为指向，由内容融合、网络融合和终端融合所构成的媒介形态的演化过程。其本质为生产形态的融合。"③

## （二）媒体融合的基本要素

综合目前已有的代表性定义，要全面准确地理解媒体融合的概念，应

---

① 托马斯·鲍德温. 大汇流：整合媒介信息与传播［M］. 龙耘，官希明，译. 北京：华夏出版社，2000：1 - 3.

② 阂大洪. 感受台湾的大媒体潮（上）［EB/OL］. http://www.ccmedu.comibbs20_ 7790.html/node195050/node195054/user object7ai5554.Html.

③ 王菲. 媒介大融合：数字新媒体时代下的媒介融合论［M］. 广州：南方日报出版社，2007：21 - 22.

该着眼于媒体融合的几方面基本要素，即本质特征：

第一，媒体融合的前提是新媒体技术，即数字技术、计算机网络技术和移动通信技术三大基本技术的综合发展。

第二，媒体融合的根本动力是社会需求与市场竞争。

第三，媒体融合是混合形态，是计算机、手机等新媒体技术平台与图书、报纸、杂志、广播、电视等传统媒体相互融合，形成的新的混合型新媒体。

第四，媒体融合的结果是传统媒体形态全方位的改变，包括媒体组织的融合、生产的融合、管理的融合、交易的融合、产品的融合、竞争的融合和市场的融合，最终还会导致技术的融合、产业的融合、消费形态的融合。

## 二、媒体融合的历史过程

新媒体条件下的媒体融合不同于历史上发生过的"新""旧"媒体的冲击和混杂。新媒体与以前的所谓传统媒体，实际上都各自具有一种独特的传播特性，如报刊是典型的阅读媒体，以文字以及图片作为信息传达方式；广播是典型的听觉媒体，以声音作为信息传达方式；而电视是视觉媒体，以声音和活动图像作为信息传达方式。除电视和广播具有一定的替代关系外，各种媒体之间实质上是媒体传播手段的补充和延展。它们之间的激烈竞争，其实只是对"第一媒体"地位的竞争，而并非你死我活的替代关系。在激烈的竞争过后，各种媒体各自在社会生活中找到自己的位置，确定媒体间"差别发展"的关系，明确自身传播特长及定位，达到媒体竞争发展的动态平衡，构成相对稳定的媒体传播体系。

但网络及新媒体的出现，改变了传统媒体间"新""旧"竞争的基本形式，新媒体的信息传播手段是综合性的，既是阅读的、收听的，又是视频的；既可以现场直播、即时观看，又可以长久保存、即用即取。这样，人们有了一个新媒体终端后，就可以不看报纸、不听广播、不看电视了，似乎新媒体对传统媒体是一种替代和消灭。但更进一步看，人们并没有不看报纸、不听广播、不看电视，只不过不是用传统的方式，而是使用新媒体的终端。人们利用网络，在电脑上、手机上、平板上看报纸、听广播、看电视，但看的是新闻网页、电子报刊、网络视频、IPTV……这些高度综合性的信息传播，形式多样，手段新颖，灵活多变，满足了人们不断增长的信息消费需求，这是传统的报社、电台、电视台难以满足的。

综合来看，新媒体是集各传统媒体所长，综合各种信息传播方式，能够同时满足人们对信息传播各方面要求的新形式。从媒体功能和性质的角度看，新媒体并非一种全新的信息传播渠道，也不是一种全新的媒介体系，它是对所有传统媒体的大融合。

## 三、媒体融合的基本方式

具体考察当前媒体融合的方式，可以从不同的视角和切入点进行，比较具有代表性的有"生产管理融合论""新闻融合论""综合融合论"几种观点。

### （一）生产管理融合论

美国西北大学戈登教授立足于美国媒体结构以及新闻生产的方式，从生产管理的视角把媒体融合归纳为所有权融合（Ownership Convergence）、策略性融合（Tactical Convergence）、结构性融合（Structural Convergence）、信息采集融合（Information-gathering Convergence）、新闻表达融合（Story-telling or Presentation Convergence）五种方式。①

### （二）新闻融合论

美国鲍尔州立大学戴默教授着重从新闻信息传播的角度，按照"新闻融合"的程度，将媒体融合归纳为交互推广（Cross-promotion）、克隆（Cloning）、竞合（Coopetition）、内容分享（Content Sharing）、融合（Convergence）五种方式。

---

① 陈浩文．媒介融合的分类——以美国媒体为例［N］．中华新闻报，2007－07－04（c02）.

### （三）综合融合论

王菲教授的观点是：媒介融合的本质是生产形态的融合，主要包括内容融合、网络融合和终端融合，在此基础上产生了技术融合、产业融合、产业链融合、生产形态融合、消费形态融合等融合方式①。

## 四、媒体融合的产物

媒体融合是传统媒体从形式到内容、从表象到实质的全面融合。媒体融合的最终产物是新媒体技术与传统媒体的内容、形式相结合而形成的新的混合型的媒体形式。对目前以数字化为特征的新媒体来说，媒体融合的主要产物有网络媒体、手机媒体两大类型。其中，网络媒体以电脑和平板为主要手段，其与传统媒体融合而催生了网络报纸、网络电视、网络广播、电子杂志、电子图书等新媒体。手机媒体立足于移动网络技术，以不断推陈出新的智能手机为平台，既与传统媒体融合，又广泛结合网络媒体的形式和内容，产生了手机报、手机杂志、手机图书、手机广播、手机电视、手机电影等新媒体。此外，数字技术与广播、电视融合产生了数字广播、数字电视，移动通信技术与电视融合又产生了移动电视。这些新媒体的产物每天都在不断进化，在技术和内容两方面不断提高，通过激烈的社会竞争和市场竞争，力争在未来的信息传播体系中发挥更重要的作用。

---

① 王菲. 媒介大融合：数字新媒体时代下的媒介融合论［M］. 广州：南方日报出版社，2007：22.

# 第二章　新媒体与社交网络

## 第一节　社交网络

"所谓社交网络，是指人和人之间通过血缘、亲缘、乡缘、业缘、地缘、学缘、族缘等一系列社会关系建立起来的社会网络结构。从社会学角度来看，它是指社会行动者及其关系的集合。也可以说，一个社会网络是多个点（社会行动者）和各点之间的连线（行动者之间关系）组成的集合。"① 行动者（人与人、群组）和关系是其中两个关键词，说明在社交网络中，人的社会化及社会关系的建立与维系是核心内容。从社会生活的功能作用来看，社交网络的目的是"节约社交时间和物质成本，获取高速、有效的信息"。社交网络能够把特定的社会群体，按照一定的目的和规范，聚集在特定的平台之上，实现社会关系在网络上的加倍延伸，使社会关系和社会交往突破时间、空间等因素的障碍。社交网络覆盖了社会生活各个层次，从国家外交，到家庭关系、企业营销、组织运营以及个人交往等方面都具有举足轻重的作用。

### 一、社交网络的相关理论

#### （一）中国传统文化中的人伦关系

在中国传统文化里，儒家学说倡导一个"关系导向型"社会。以孔孟

---

① 彭兰. 从社区到社会网络——一种互联网研究视野与方法的拓展 [J]. 国际新闻界，2009，31（5）：87-92.

为代表的儒家传统文化中的人际关系理论，以"仁"的理念为核心，以"礼"为整合手段，以宗亲关系为出发点，以"和"为目标，构建了一个较为完善的中国古代理想人际关系思想体系。"和"为贵不仅是我国传统文化的精髓，也可以理解为现代公共关系的核心思想。它要求人们在人际交往中，依照"礼"的规范，秉持"仁"的理念，达到"和"的目的。从个人关系角度看，在传播和自我认同时，要懂得尊重他人，才能得到他人的尊重、理解和认同。

由于我国传统社会是农业社会，所以从根本上说，我国传统人际关系是以"人伦"为本，通过"亲缘"扩展人脉的"熟人"关系体系。熟人间的"信任"与"和谐"是建立人际关系的心理起点，"人情"是维系人际关系的主要纽带。由于缺乏法治精神的支撑，传统人际关系又与现代公共社会的规范和准则不完全适应，在现代生活中往往表现出较突出的矛盾性。

在电子时代，"我们身披全人类，人类就是我们的肌肤"。走进互联网，我们就融入了全人类，因此，我们也需要建立和遵循新的人际关系规范。一方面，我们需要将传统"人情社会"的人际关系的良好效应继续延续和发扬；另一方面，我们也需要运用互联网带来的新契机，利用新的技术及系统基础，改善和完善传统人际关系规范，以便能够更好地管理人际资源、处理好人际关系，从而减少社会价值体系中的交易浪费、沟通损耗以及无效交流，进而节约社会资源，增加社会资本。

## （二）"平衡"和"对称"理论

"每一种新技术总是在造就它的人身上造成新的紧张和需要"［马歇尔·麦克卢汉（Herbert Marshall Mcluhan）《理解媒介》］。当数字化时代以"碎片化""去中心化"等为主要文化特征，构建关系途径更多、沟通成本更低廉、沟通时效更快捷的平台之时，个人应该能够与他人、社会建立更加紧密的关系体系。但我们似乎并未实现人类社会交往的理想状态，相反有时个人更像孤独的"原子化"个体，人与人之间的隔阂和"鸿沟"反而有逐步扩大的趋势。当然，期望更密切的社会关系、寻求和谐一致的倾向是社会的主流，只有和谐一致，个体才不至于产生心理紧张或被孤立。人类渴望社交的心理便是基于这种平衡与对称心理的需求和满足。

美国社会心理学家海德（Fritz Heider）于 1958 年提出了人际关系的平衡理论，认为在人际关系中人类普遍地有一种平衡、和谐的需要。一旦人们在认识上有了不平衡和不和谐性，就会在心理上产生紧张的焦虑，从而促使他们的认知结构向平衡和和谐的方向转化。它阐释了人在社会中的心理动态：当人与他人及事物之间的关系处在不平衡状态时，人体验到不愉快。不愉快及不愉快的体验可以作为一种动机，驱使人采用多种方式，将不平衡状态转化成平衡状态。平衡理论使人们可以用"最小努力原则"来预计不平衡所产生的效应，使个体尽可能少地改变情感关系以恢复平衡结构。在一定的情境中，平衡理论能以简练的语言来描述认知的平衡概念，使它成为解释态度改变的重要理论。

美国社会心理学家纽科姆（Theodore Mead Newcomb）于 1953 年提出了对称理论，这是一种关于认知过程中人际互动与认知系统的变化及态度变化之间的相互关系的假说。他认为，人有和谐的需求，他用"趋对称压力"来表达这种需求，在这种压力下产生的认知不平衡会沿着"趋对称压力"的方向变化。它意味着任何一个特定系统都有平衡力量的特征，系统中任何部分的改变都会导致倾向平衡或对称张力，因为不平衡或不对称会造成人的心里的不舒适感并产生内在压力，并以驱动改变。从认知均衡角度来看，纽科姆理论与海德平衡理论十分接近，只是海德平衡理论是关于认知主体自身的认知平衡，而纽科姆理论则是把认知平衡扩大到了人际互动过程和群体关系。

在网络数字化时代，人类社会的传播实现了在更高层次上的"重新部落化"和"重新人际化"。新型社交网络把传播视为一种维护人际关系的互动过程，在社交方式上人类重新回到个人与个人的交往。它强调个体之间为了达到和谐一致而进行交流和对话，其结果是传播的效果更易于趋向恢复平衡。

## （三）六度分隔理论和 150 法则

"六度分隔理论"是美国心理学家米尔格伦（Stanley Milgram）在 20 世纪 60 年代提出的，主要意思是"你和任何一个陌生人之间所间隔的人不会超过六个，也就是说，最多通过六个人，你就能够认识任何一个陌生人"。该理论揭示了人们的社会关系网络远比实际生活中的感受更加紧密，大量人们平时未知或闲置的社会关系，即所谓"弱链接"的关系，也能够在人们的社会关系中发挥意想不到的重要作用。1973年，美国马克·格兰诺维特（Mark Gramovetter）也提出了相似的"弱关系的威力"观点。他发现，有时弱的关系网络可能比强的关系网络显得更有力量。因为强关系意味着同质性，由此获得的信息和资源大部分是重复且冗余的，而弱关系意味着异质性，在弱关系之间搭起桥梁来传递资源，能够获得更多样化的价值。

许多人通过社交网络找工作时都会深切感受到这种弱纽带的作用。可见，社交网络是人们在社会中保持弱关系的有效工具；弱纽带使人与人之间的距离变得非常相近。它帮助用户关注到人际关系中的"长尾链条"，进而使短期关系变成长期关系。依照六度分隔理论，每个个体的社交圈都能不断放大，最后成为一个社会化网络。这种社会化网络，是一种基于相互结识、信息往来的社会节点和连接所构成的网络。其中，"熟人的熟人"只是拓展社交关系的方式之一，当今社交网络的内涵已经远不止"熟人的熟人"这个层面。在互联网条件下，根据相同话题进行凝聚（如贴吧），根据同学聚会进行凝聚（如校内网），根据学习经历进行凝聚（如Facebook），根据爱好进行凝聚（如Fexion网）等，都被纳入社交网络的范畴。

"150法则"的说法来源于欧洲发源的"赫特兄弟会"，这个自给自足的组织认为"把人群控制在150人以下是管理人群的最有效的方式"。它把150人当作是"可以与之保持社交关系的人数的最大值"，这意味着无论个体通过一种社会性网络服务与多少人建立了弱链接，他的社会关系的强链接数量仍遵循150法则。英国人罗宾·邓巴（Robin Dunbar）于1992年指出，人类和其他灵长类动物一样，其保持社交关系的人数最大值为150，即邓巴"150定律"。该理论依据来自于进化心理学研究成果，它显示，人的大脑新皮层大小有限，提供的认知能力只能使一个人维系与大约150人的稳定人际关系。这一数据主要指个人拥有的与自己有私人关系的朋友数量。

总之，在社交网络中，既有强关系链，也有弱关系链。强关系增进了群体团结和凝聚力，弱关系促进了对不同的新信息的多元化吸取。但是，由于一些传统交往方式的不活跃，经常导致弱关系链不容易被激活、强关系链处于惰性状态。因此，在社会化网络服务中，一个人的社会关系人数通常被控制在 150 人以内。此理论也符合著名的"二八法则"，即 80% 的社会活动可能被 150 个强链接所占有。

## 二、社交网络的新媒体特性

### （一）人际传播回归

人际传播是人类最基本、最古老、最长久的传播活动，人际传播指两个或两个以上的人借助语言和非语言符号互通信息、交流思想感情的活动。最早的人际传播一般是面对面完成，有了文字后，传播活动可以跨时空进行。人际传播的传播路径主要是个人（或多人）对个人（或多人），本质上是一种私人活动，但社会上如果同时有若干个人都在传播相同或相似的信息，人际传播也能产生类似大众传播的效果。

人际传播以个人社会关系为依托，具有较强的私密性、互动性、平等性。这些特性保证了人际传播良好的效果和影响力，也是大众传播无法根本替代人际传播的原因。现代社会人际传播的实际应用层出不穷，从电报、电话，到 e-mail、手机，再到短信、QQ、微信，人们对人际交往、人际关系的需求是无法改变的。随着现代传播工具的广泛使用，人们还进一步意识到，网络工具并不总是能增进人们内心的亲切感和信任感。以网络及新媒体技术为基础的现代社交网络正在向传统人际传播回归，它力图以现实社会关系为基础，模拟或重建现实社会的人际关系网络，提高社会交往的质量和效度。

有人认为，相比传统社会，未来社会会是一种人与人之间更有"黏性"的关系社会，是社会资本的不断累积，社会交往的嵌入式信息比任何时候都更有价值。如 2008 年微软推出的"人立方搜索"，它拥有一个巨大的人脉库和关系网络，通过对超过十亿中文网页中的人名、地名、机构名以及中文短语进行过滤、整理和聚合，将所有与搜索关键词相关的信息按照网络流行度或关系亲密度进行排序，以获得更为垂直和精准的人际关系图景。这种对未来社交网络及人际关系的认识具有一定的现实基础。

## （二）虚拟社区

随着网络和新媒体技术的发展，各种网络社交应用受到人们广泛欢迎，从早期的聊天交友软件，到后来的虚拟社区、社交 APP，网络社交在"虚拟化生存"的基础上，正在走向现实化、真实化。人们已经不再满足于匿名身份和虚拟符号的社交方式，而希望让网络社交更多地同现实生活相联系，更好地服务于个人发展和实际社会关系。今天，虚拟社交网络已经越来越多地渗透进人们的日常生活，融入人们的工作圈和生活圈中，网络社交逐渐从虚拟关系过渡到真实关系。如微信群不仅是人们进行社会交往、密切社会关系的重要工具，同时也能进行商务营销、电子支付、生活服务等活动。无论是 BBS（论坛）、贴吧、公告栏、群组讨论，还是在线聊天、交友、个人空间、无线增值，同一主题的网络社区集中了具有共同兴趣的访问者。虚拟社区就是社区网络化、信息化。

## （三）私人空间的变化

在传统社会，社会公共空间和私人空间往往存在比较明确的界限，但网络及新媒体的广泛应用，使人们的社会生活形态发生了改变。有学者认为，现代人的生活方式和网络交往方式呈现出私人空间与公共空间界限模糊的特征，或者说私人空间与公共空间相互侵占和融合。移动媒体对个人和社会的发展存在某种潜移默化的影响，尤其是在重新界定公共空间与私人空间的作用上。比如以手机为代表的个人移动终端，正模糊着私人空间和公共空间的界限，在两个空间中起着连接与转化的作用。一方面，手机媒介使私人空间变得"公共化"，使用移动媒体终端原本是一种私人行为，但当其在一定的公共领域进行网络交往时，就不可避免地转变为一种公共行为。另一方面，手机媒介又是对公共空间的"私人化"。通过手机讨论个人关注的话题，人们把公共空间中的"空气都充满了私人话题的气息"，个人通过讨论私人话题并从原本的社会交流"撤退"到一个依靠移动媒体的人际传播。①

在工业化时代，个人空间和公共空间往往有明确的界限，如果新媒体社交网络消除这种界限，并不符合人们的利益和意愿。从传播的角度看，一个成熟理性的网络交往社区应该是私人空间和公共空间的有机结合。社交网络媒介塑造的新的人际交往形态和传播情境，应有助于个人空间与公共空间的联系和重构，促使个人空间与公共空间的有效融合，从而最大限度地提高个人社会关系的发展及社交网络的成效。

## （四）电子商务

电子商务是互联网领域最赚钱的商业模式之一，社交网络是互联网领域最活跃的应用之一，二者结合必将催生出更多的商业机会和拓展出更多的社会资源。

在 Web 2.0 时代，电子商务本来已经有一套比较成熟的发展模式，亚马逊、淘宝、京东等网络电商已经取得了巨大的成功，但在网络和新媒体发展的新时期，越来越多的企业看到了社交网络的商业价值并参与其中，如阿里巴巴商人社区、淘宝社区、腾讯空间、百度空间等。电子商务改变了传统商业的形态，它有着传统营销模式不可比拟的优势，可以提供在线交流与洽谈、现货挂牌交易、网上专场采购与拍卖等多种交易模式，可以提供对称信息及平等交易机会，精简流通环节，加速资金周转，增强产品生产、消费、流通之间的交易等。不同类型的企业和个人有不同的电子商务模式，但其核心是不变的，就是进行更优质、高效的商务活动，真正实现信息共享和资源的互联互通。

社交网站和电子商务的结合将商业营销直接同消费者相连接，能够极大地提升市场营销的精准程度，同时也能够为消费者提供更能满足其个性化需要的产品，这必将带来更多新的商机和共赢机会。基于人脉关系的电子商务平台，在庞大的人脉数据库中，通过交易双方需求和供给之间的匹配，每个企业或用户都能在其中找到自己最想要的优化产品和服务。社交网站可利用用户口碑中的"百口相传"效应来进行"病毒式"快速传播，

---

① 李林容. 社交网络的特性及其发展趋势 [J]. 新闻界, 2010 (5): 20, 32 - 34.

并通过品牌自身的影响力，使产品购买者能够在生活中向其交际圈内的亲友进行展示或传播。

在我们提到社交网络时，必然会想到一个概念 SNS。SNS 既指 Social Network Service（社交网络服务），也指 Social Network Software（社交软件），还指 Social Network Site（社会性网络服务网站），其核心词就是网络与社交。传统的实时通信都是基于集中管理的网络模式，需要后台有成千上万的服务器。如果用户只进行文字聊天，没有太大的问题，但如果进行音频或视频聊天，所占用的服务器资源就会增大。而 SNS 最大的特点就是提供新型的网络操作系统，那些只有一台或几台设备的个人公司，一经安装 SNS 平台就可以进入一个崭新的网络世界。

# 第二节　博客与微博

## 一、博客、微博概述

博客（Weblog），又叫网络日志，是一种将网络链接、内容按时间顺序排列并且不断更新的网上出版方式。使用者在自己的 Weblog 上，可以通过网页、WAP 页面、手机短信、IM 软件及 API 应用等方式直接发布图片、视频、消息等，同时任何网络使用者均可任意访问 Weblog。它起源于 2002 年的海湾战争，当年 9 月，萨利姆·帕克斯（Salam Pax）的博客一直撰写并张贴相关局势的文章，报道战争情况。另一个战争博客是克里斯托弗·阿布瑞顿（Christopher Albritton）将自己的 Back-to-iraq. com 网站装入一辆汽车，通过从纽约出发的旅行来为自己报道伊拉克战争募捐。阿布瑞顿曾任美联社和《纽约每日新闻》的记者，在线上他最终获得了 1 万美元的捐赠，实现了博客报道的心愿。

微博是博客的发展，是 Web 3.0 新兴起的一类开放互联网社交服务。在以手机为终端的移动互联网时期，人们把博客搬到手机上使用，并诞生了微博，它打通了移动通信网与互联网的界限。由于手机容量及移动通信技术的局限，手机上的博客不能像在电脑上那样长篇大论，只能把每条博客的字数限制在 140 字以内。这种应用状似微型的博客，所以人们形象化地称其为微博。国际上最知名的微博网站是 Twitter，国内早期有"随心微博"、"分享"网、"饭否"网（已关闭）、"叽歪"网（已关闭）等，现用户最多的是新浪微博。Twitter 开始

的广告语为"你在做什么？"（What are you doing?），2009 年 7 月 29 日，更换为"分享和发现世界各处正在发生的事"（Share and discover what's happening right now, anywhere in the world）。新浪微博广告为"随时随地发布你身边的新鲜事"，而人民网的表述是"捕捉新闻每一瞬"。

## 二、博客在传播中的作用

### （一）充当专业媒体的重要信源

2004 年 6 月，个人网站"中国舆论监督网"上发表了一篇题为"下跪的副市长——山东省济宁市副市长李信丑行录"的文章，其中详细记载了李信和举报人李玉春之间的恩怨纠葛以及李信涉嫌贪污、受贿、绑架、故意伤害等多种违法乱纪行为，文后还附有数张李信下跪的照片，照片中，李信满脸忏悔之色，神情异常沮丧，甚至涕泪横流。同年 7 月，《南方周末》跟进，26 日山东省十届人大常委会第九次会议举行第二次全体会议，表决许可山东省人民检察院逮捕山东省十届人大代表李信。博客中可能包含了很好的新闻线索和视角，但是囿于渠道的限制和人员专业性的局限，无法进行更深入的采访，这时利用传统媒体中的资源，能起到事半功倍的效果。

### （二）个人自我的新闻发布平台

2009 年 11 月 15 日 19 时 14 分，《财经》杂志主编胡舒立最后一次更新了自己的"财经网"博客，向《财经》的读者们告别。胡舒立在博客里

称，虽然对未来图景并不清晰，但这是个充满机会的时代，"没有理由放弃，就是因为机会总在那里"。胡舒立同时声明，本篇博客将是她在"财经网"上的最后一篇博客，从 16 日起，她的"财经网"博客将关闭。

博客是最具个人化的内容，却有最具公众性的形式。它的作用：一是从媒体传播角度考察，它代表了一种全新的自由发表的个人网络出版方式，对传统媒体工业的运作模式形成挑战；二是从知识管理角度考察，代表了个人知识过滤与积累和深度交流沟通的网络新方式，为组织沟通和社会交流带来了全新变革。

## 三、微博的传播特性

### （一）快速化：信息流动更新过快、即逝

在微博的实际使用中，除了少数用户能够通过微博表达比较有深度的观点外，大多数用户在微博中展示的都是个人的日常生活和点滴的所感所想，事无巨细，无所不包。这种随时可以发送、随时可以更新的工具，满足了人们不甘沉默、表达存在的心理需求。微博上信息的发布不再是延时而是实时、即时。没有了时间线的限制，我们会发现微博上信息的流动或更新过快、太快，瞬间即逝。

### （二）碎片化：横看成岭侧成峰

碎片化在形式上是由微博的篇幅局限性决定的。在快节奏、高压力的社会生活下，人们往往静不下心来坐在书房、图书馆认真阅读长篇大论，这种百余字、有图有符号的信息，拿起手机就能观看的碎片化信息，自然更加符合的人们的心态和需要。

乔治·齐美尔（Georg Simmel）认为"现代性的一个本质特征就是'碎片化'"。这种"碎片化"的社会生活方式使人们成为彼此孤立、离散、互不相干的"原子化"个体，人的自我感受与社会存在日渐分离，人的主体意识呈现"碎片化"状态。"在电子媒介的阶段，持续的不稳定性

使自我去中心化、分散化和多元化。"①

很多突发事件的现场恰恰可能就有微博的用户，他们可以即时传递信息，而每个人观察传播的视角都不一样，"横看成岭侧成峰"，但碎片化的信息在微博上往往能集合呈现，从而在宏观上还原一个事件的整体。

## （三）用网络扩展现实社会关系

从传播的角度看，微博对所有用户开放，使每个人都能够自由地回应自己所看到的微博信息，这种即时、充分的双向沟通是传统媒体无法实现的。所以说，微博对个人的意义不仅在于述说和表达，还在于倾听和关注。从微博的实际表现看，多数微博个体会愿意倾听和关注其"follow"对象发布的信息，并通过回复达成关联。每个人与"follow"对象形成一个小循环，许多小循环紧密相扣就构成了 SNS 网络（社交网站）。通过微博建 SNS 网络更显示出其价值，使网络用户"可以实现个人的数据处理、个人社会关系管理、可信的商业信息共享，也可以安全地对信任的人群分享自己的信息和知识，用信任关系拓展自己的社会性网络，达成更有价值的沟通和协作"②。

相比过去电子公告板式的虚拟社区网络（如新闻组、BBS 等），微博开拓了一种新型的社区和人际交往方式，这种新型社交网络从传统社区定位模糊的"多对多"转向"一对一"或"一对多"，形成较为清晰的人际关系链，能够构建属于自己的人际网络世界。这样通过微博这种虚拟社区创造了新的社会交往社区，并通过不断扩展人际传播链产生连续传播效应，进而能够在现实世界获得更多的社会资本和社会关系。微博上这种由"微信息"和"微交流"共同推动的能量聚合会产生让人意想不到的蝴蝶效应（the Butterfly Effect，气象名词，是指在一个动力系统中，初始条件下微小的变化能带动整个系统长期的、巨大的连锁反应）。2011 年媒体人邓飞由微博启动的"免费午餐"行动和陕西"表哥"杨达才事件都是极具说服力的案例。

---

① 马克·波斯特. 信息方式：后结构主义与社会语境［M］. 范静晔，译. 北京：商务印书馆，2000.

② 李游. SNS 的传播学特征及价值解析［J］. 当代传播，2009（3）：70－72.

### 四、微博与博客的不同

### （一）微博打破了通信网与移动互联网的界限

在传统互联网时代，往往通过台式电脑上博客，而智能手机作为移动互联网的终端出现，微博作为附着在端口上最新的网络产品，打破了通信网与移动互联网的界限。

### （二）微博简单易用

微博由只言片语组成（140 字以内），对用户的技术要求门槛很低，而且对语言的编排组织的要求没有博客那么高，但容易损伤文章应有的一致性，留下巨大的逻辑思维鸿沟，所以微博能满足人的信息饥渴，但无法填补思维和思想的空缺。

### （三）人际"圈"的影响力

微博的@和转发功能，实际形成了一个个可能发生连续震荡的圈子，这些圈子为微博的公共交流平台提供源源不断的讨论话题。这些交流不必经过审批，实时开展，在一定程度上还发挥着召集和提醒作用。

### （四）对事件的过程进行"现场直播"

微博赢在信息量上，其劣势是不能进行充分的编辑。但经此渠道，信息传播的成本变得很低，而阻挡信息传播的成本却无限升高，这也给微博上的信息管理带来了新的挑战。

## 第三节　QQ 与微信

### 一、QQ、微信概述

QQ 和微信都是腾讯公司开发的基于 Internet 的即时通信（Instant Messaging，简称 IM）软件，允许两人或多人使用网络即时传递文字、信息、档案、语音与视频，建立起直接联系并进行实时交流。QQ 与微信分别诞生于 1999 年与 2011 年。QQ 是 PC 时代的 IM 工具，而微信是移动互联网时代的 IM 工具，虽然微信也有网页版，但必须通过手机扫码才能进入，所以说它是专门为移动互联网设计的。最让人大吃一惊的是微信对国际市场的占领速度，它刚推出时有 8 个语言版本，后来增加到 12 个。中国互联网素来被称患有"加拉帕戈斯岛综合征"（该岛物种无法在其他地方生存），微信破除了中国网络产品无法走向世界的言论。

QQ 与微信是同一个公司的产品，为什么在 QQ 拥有庞大的用户群后，微信仍然能横扫天下？这两款产品如果一模一样就不可能出现这种情况。其错位的差异体现在以下几个方面：

## （一）诞生背景

QQ 一开始是针对 PC 端口，后迁移到移动客户端，但保留着 PC 端的特性（比如主要基于文字的聊天）；而微信却是针对移动端口设计（视频聊天很常见），更加符合移动互联网时代碎片化时间的需求，微信相对于 QQ 赢在了碎片化上。

## （二）登陆方式

微信可以用手机号、QQ 号、微信号等登陆。而 QQ 只能用 QQ 号登陆。

### （三）使用场景

QQ 更加开放，有共同好友信息等，在线状态具有较明显的区分，用户倾向于主动联系在线的人；而微信强调熟人社交，朋友圈只有共同好友才可以看到评论，其力求把社交圈局限于熟人，弱化在线状态，没有状态区分，让用户对是否回复信息有更多选择权从而化解了压迫感。

### （四）功能差异

QQ 有 QQ 空间等微信不具备的功能，文件传输也比微信方便，而微信的支付功能却给网友的商务生活带来无穷的便利。

### （五）用户群体

青少年，尤其是中小学生，拥有智能手机的可能性较低，他们网上的联系主要是通过 QQ 实现的。而微信用户多是成年人，但 QQ 帮助微信培养了未来潜在用户。

## 二、微信的优势

### （一）经济实惠

下载微信软件不收取费用，使用微信任一功能也都不会收取费用，即使用微信时产生的上网流量开销也由网络运营商收取，而且 1M 可发 1 000 条文字信息，1 000 秒语音信息，1 分钟视频信息。据网易科技的消息称，2012 年电信运营商短信量比 2011 年下降 20%，彩信量下降 25%，甚至电话业务量也下降了 5%。这些数据从侧面印证了使用成本低成为微信普及的重要理由。

### （二）基于通讯录的社交媒介

通讯录这一块向来是 QQ 的盲点，微信的出现则可以做到完整的覆盖，传播圈大体是基于通讯录的牢固熟人或朋友关系。这样一来，在与新浪微博的对抗中，优势并不明显的腾讯有了错位竞争的场地，微信是基于通讯和私密交流的存在，而非媒体获取。从联系人的成本及使用体验的角度来考虑，新的通信手段如果不能方便地使用手机联系人，而是要重建新的联系人圈子或者不能完全覆盖手机联系人圈子，那么很难指望他们去使用一个比短信麻烦、复杂得多的产品，微信解决了这个基于用户黏性因素上的阻碍。

## （三）新颖

25～34 岁人群是移动互联网用户的主力军，这个年龄段的人们对新事物有着更为强烈的好奇心。微信研发初始，它的目标就被定位于"让生活多一点有趣的东西"。其中"查找附近的人""摇一摇""漂流瓶"等功能内核是 LBS 的地理位置技术的融入，却有着新颖的娱乐外壳，迎合着大众潜在的欲求心理。

## （四）商业介入

国家统计局的消息指出，2012 年中国 GDP 大约为 51.9 万亿，同年阿里巴巴集团宣布淘宝网和天猫年总交易额突破 1 万亿，也就是说占到 GDP 的 1.9%，电子商务是大势所趋。现在经过地铁站或公交车站，铺天盖地的二维码广告迎面而来。二维码可将长达几十个甚至几百个字的网址或信息转换成二维识别码，用户通过打开"扫一扫"，将取景框和移动的扫描线对准二维码，就能自动识别信息并转换输入。微信带动了二维码的井喷，意图联合传统厂商打造 O2O 营销模式：例如客户只要在店里扫一下二维码，就可以成为电子会员，今后商家就可以将各种优惠消息推送给会员，这种关系既是虚拟的又是现实的。

## （五）永远在线

微信不占内存，资源消耗很轻。从理论上讲，QQ、飞信也可以永远在线，但手机能永远不换电池吗？另外，手机用户在室内（WIFI）与室外（GPRS、4G）来来回回地走动，网络变换一下 QQ 掉线一次。这些问题微信都避开了，可以真正躲在手机后台长久地运行。

## 三、微信的不足

### （一）噪音干扰

传播学中把阻塞正常信息流通的障碍称为噪音。这个问题在微信传播中特别值得一提。移动用户，身处一个随时变动的环境之下，时间零散而分割，有价值的信息才可能占据他们的碎片时间。微信运营以来，冗余信息的负面影响已若隐若现。信息过载对用户而言很大程度上就是垃圾，所以，微信传播要想方设法避免噪音的干扰，在提供有趣、靠谱信息的同时，还得在契合度方面下工夫，找到信息与人匹配的良方乃是长久之道。

### （二）功能过多

微信能收新闻、看视频、玩游戏、浏览网页。原来在 PC 端时代，台式电脑拥有足够的频率、内存、硬盘、带宽的支持，所以一款软件可以设计得尽量能做更多的事。然而对移动用户而言，由于常常处于一种需要对任务做出快速响应的环境中，因而显示出比固定用户更少的耐心。他们很难忍受长时间启动或应用程序的设置，由此对操作效率有着更高要求。那种深度一站式服务被移植到移动端，产品往往变得无比沉重。假如超出手机消费者忍耐的范围，直接后果是用户体验迅速下滑，这种挫败感可能会使用户放弃这款产品。

### （三）人际关系应用矛盾

从基因上讲，微信本来就是熟人联络平台，它为用户存量社会关系的盘活和拓展贡献了智慧。但其标志性功能"查找附近的人""摇一摇""漂流瓶"等又指向陌生人之间的社交，同时拥有两个相反维度的产品让人难以理解。

### （四）社会化程度不高

许多学者都谈到微博在突发性事件、群体性事件中的作用。微信出现后，大家总爱拿它跟微博做比较。目前来看，微信延续的是腾讯传统的通信功能：熟人关系和实时沟通，它并未强化转发、评论等内容分享行为，社会化媒体不是它的目标。尽管微信商业化的定位非常刻意而清晰，但仍然无法抹去它成为活跃社会行动途径的可能。首先，微信有语音功能，当下网络监管技术中对文本关键词的过滤与挖掘都已经较为成熟，但还无法做到声音文件的检测，这里面已经蕴含风险。其次，微信是熟人圈，行动参与途径的自发性和爆发性都比陌生人有更强的回应力，进行行动的隐蔽性较强，往往很难为外界所觉察。因此，我国要进一步完善相关的法律法规，加强对微信的监管和治理，保证社会的长治久安。

# 第四节　社会化媒体的特征

19 世纪蒸汽机引发的动力革命以机器驱动代替手工操作，工业革命爆发，大规模工业化的印刷媒体准备就绪。从此以后，个人虽然拥有媒体内容生产的能力，但由于没有掌握工业化媒体的生产技术或传播技术，缺乏规模化生产的机器、厂房等生产资料，要满足个人表达与获取信息的需求就得求助于一个强大的资本支持的中介。但随着网络的发展，工业化媒体不断降解，以社交网络为平台的社会化媒体出现，大批网民自发贡献、创造了丰富的信息资讯。

## 一、社会化媒体的特征

### （一）制作简单

社会化媒体的内容制作技术门槛低，后续成本几乎为零。如果想要在社会化媒体平台进行制作，只需要掌握简单的电脑操作技巧，就可以将自己想要表达的内容制作并展示出来。

### （二）表达多样

社会化媒体的表达方式多种多样，可以通过不同的平台表达出来，例如通过微博、微信公众号、优酷等平台渠道进行表达，以文字、图片、视频、音频等形式呈现给受众，具有多样化特点。

### （三）平民参与

社会化媒体是一种平民化、私人化、自主化的传播平台，平等对话和信息共享是它的核心传播理念。不论什么身份的民众，都可以在社会化媒体平台上发布与普罗大众及其自身利益相关的信息，也正是如此，社会化媒体在某种程度上引导着社会舆论的走向，成为一种不可忽视的公共舆论的源头。

### （四）自组织性

社会化媒体具有自组织性。自组织性的概念来源于 20 世纪 60 年代末发展起来的自组织理论，以复杂系统（生命系统、社会系统）的形成和发展机制为研究对象。社会学家杨贵华认为，对自组织的第一方面的理解应该是指"事物或系统自我组织起来实现有序化的过程和行为"，是一个动词概念；第二方面的理解是，它还是复杂事物或系统的一种进化机制或能力，是一个名词概念。微博所代表的社会化媒体具有明显的自组织特性，是建立在社群基础上的弱组织形态，它的凝聚与整合并没有依赖有组织的控制系统。总而言之，社会化媒体是一种无明显组织行为的组织力量，具有自发性、运作的自主性和行为的自觉性。

### （五）"自恋情结"

在人人都可以发声的社会化媒体文化中，存在一种"以自我为中心"的心理情结。人们大多以表达和描述自己的生活思维空间为主，情结严重的被称为"社交网络自恋症"。

## 二、社会化媒体传播的局限性

### （一）真实性的陷阱

在当今网络世界，实名化还没有完全普及，网民在网络世界自由发声的同时，也有不少人为了吸引眼球、获得点击率，而利用社会化媒体肆意制作、传播虚假不实信息，违背了基本的责任心与道德底线，这种行为不论是在道德层面还是法律层面都将受到相应的惩罚。

## （二）平等话语权是个"伪命题"

在技术层面上说，社会化媒体给了每个人表达和展示的平台，随着言论自由的开放程度提高，普通民众的观点也会得到越来越多的关注。但以微博为例，这里所说的"被关注度"在每个人身上的体现程度是不同的。社会化媒体的传播话语权终究是以社会为基础延伸出来的，比如新浪微博最早的原住民是新浪利用其资源优势邀请的大量明星，通过这些明星用户来吸引普通用户的加入，这些明星用户逐渐积累起了比其他普通用户多得多的粉丝或者说更多的被关注度。微博大 V 们的被关注度多数情况下是凭借自己在原本的社会知名度中获得的，他们可能是明星、权威专家、领导机构等，他们更多的是把微博这种社会化媒体当作提高知名度、获取必要信息的一种工具，但更多的普通民众的声音很少有人注意到。

## （三）网络侵权问题

美国知名网络法律人士迈克尔·戈德温（Michael Godwin）认为，互联网"把出版自由的全部力量交到了每一个人的手中"。当我们拥有的权利越大，责任和相应付出的代价也随之增加。美国媒介与社会学者普尔（Sola Pool）在他的重要著作《自由的技术》中曾表示："互联网计算机将成为 21 世纪的印刷机。如果它们不能够免于公共（也即政府）的控制，那么非电子化的机械印刷机、演讲厅和个人携带的书本所持续享受的宪法豁免也许会变成某种离奇而过时的东西。"[①] 他的话预示了网络环境中可能出现的不同于现实世界的法律问题，网络侵权就是其中一种。在一个风险社会中，由网络而引发的各种法律问题可能会因为现实结构和矛盾的特殊性而更加复杂。比如网民在与公权力的问责过程中采取的"人肉搜索"手段。

---

① 胡泳. 自由的技术［J］. 商务周刊，2010（7）：92.

### （四）电子出版产品的影响

社会化媒体环境中写作具有自由性和开放性。除了利用法律手段进行数字化作品的知识产权保护外，还应辅以技术手段以达到更好维护自我知识产权的目的，例如防火墙技术、加密技术、数字水印技术等保护手段。

# 第三章　新媒体与传统媒体

新媒体同传统媒体的关系是传媒业界关心的重点，也是新闻传播学术界高度关注的重要问题。社会普遍认为，新媒体的出现影响最大、改变最多的就是传统媒体。一般而言，传统媒体指期刊、报纸、电台、电视几种形式，有时也会扩大范围，将图书、唱片、电影等包括在内。人们认为，互联网、手机、IPTV、车载移动电视、楼宇电视等新媒体传播样式改变了受众的媒介接触行为，对传统媒体领域产生了深远影响。一方面，新媒体冲击和蚕食了传统媒体的传播领域，对传统媒体产生了巨大影响；另一方面，新媒体也为传统媒体的发展带来了机遇。

## 第一节　新媒体的冲击效应

### 一、颠覆话语权利

在传统时期，报刊广电等媒体牢牢掌握了社会的话语权，即通常概括的"喉舌""声音"。任何人想要广泛传播信息、营造或影响舆论，必须通过大众媒体。新闻工作者"无冕之王"的美称也来自传统媒体对社会的广泛影响。这种对社会舆论、社会公众的巨大影响，在新媒体时代发生了巨大改变。新媒体的出现对传统媒体的冲击，首要体现即是对传统媒体的话语垄断产生了强烈撞击，媒体生态的传播权、话语权得以重塑。传统媒体的信息生产传播是以传播者为起点，接收者为终点，是一种线性传播。这种传播模式是少数人对多数人的传播，信息生产的话语权掌握在少数媒体精英手里，他们设置社会话题、引导舆论走向、控制信息类型、垄断传播渠道。而互联网及新媒体的出现，使普通信息接收者也能够进行信息发布，并且可以不通过传统媒体发布信息、影响社会、引导舆论。这样，新媒体为社会公众提供了话语平台，同时也赋予了公众话语权。草根的话语表达虽然往往有庞杂性、纷繁性、多变性的特点，但也体现了当代社会的基本价值观念，形成了社会主流价值观的传播。

新媒体对传统媒体的冲击除了体现在传播渠道和方式的改变外，还体现在对传统媒体的内容生产造成了一定的冲击。新媒体的内容生产不再遵循固有的传统思维逻辑，内容生产拥有了很大的自主性，并且更加贴近平民的趣味和喜好，更加符合普通民众的眼光和价值。如新媒体中"标题党"现象更加严重，这是因为在一定意义上，新媒体就是一个视觉性媒体。要在五花八门的信息中更多地吸引大家的注意，"争抢眼球"就得更加显眼、更加"出众"，乃至哗众取宠。有一个抢眼的标题，吸引人点击观看，就算成功，至于内容，难免会发生不过如此、文不对题、错漏百出的问题。

新媒体是制造碎片化内容、微传播内容的行家。从这一层面上，它冲击了传统媒体的深度报道，限制了内容生产的深度性。新媒体的出现降低了传统媒体的内容生产能力。一方面，新媒体掠夺了传统媒体的内容资源。新媒体传播的门槛与成本都比较低，随意引用传统媒体的内容，导致传统媒体的内容资源逐步流向新媒体。另一方面，新媒体重构了传统媒体的内容价值，不再讲究舆论的引导，也不再看重媒体的责任，这也引致社会的一些批评和担忧。

## 二、解构把关角色

在传统媒体时期，"把关人"（Gatekeeper）是非常重要的概念，它涉及新闻的选择与判断，关系着新闻价值的选择。"把关人"又称"守门人"，是指那些在新闻媒介系统中居于决断性的关键位置，既可以指个人，如信源、记者、编辑等，也可以指媒介组织，如报社、电视台等。他们依据既有的价值倾向或者经验对信息进行筛选和过滤，保证传播给受众的信息是"正确"及"适当"的。而新媒体时代，传统媒体"把关人"的角色遭到了颠覆和解构。信息传播的自由度得到了空前解放，信息传播容易带有感性色彩，助长非理性思潮的泛滥。其表现在社会层面，则是极端性、冲突性以及情绪性的舆论容易制造各种事端，甚至引发暴力。

## 三、重构广告产业

广告是传统媒体生存发展的重要依仗，一般来说，一个没有可靠财政来源的媒体，每年吸纳的广告费如果低于全年经费支出的 50% 就很容易面临财政问题。发展态势越好的媒体，广告的吸纳能力、吸纳比例也越高。随着新媒体的迅猛发展，新媒体成为广告的新载体，瓜分了传统媒体的市场份额，传统媒体的影响力降低后，广告的吸纳能力也随之降低，然后进入恶性循环。对于受众而言，传统媒体的广告是强迫式的，而新媒体广告是软性的。对于广告主而言，传统媒体的广告像农田的漫灌，片面追求覆盖面，费用高、效率低；而新媒体的广告总体费用低，而且投放精准，效率大大提高。这种结果导致越来越多的广告主把广告投放的重心转移到新媒体领域，这对传统媒体来说无疑是雪上加霜。

# 第二节　传统媒体的转型升级

新媒体打破了传统媒体的生存格局，对传统媒体的发展带来了巨大挑战，但传统媒体并未宣告死亡而从此退出历史舞台。反之，传统媒体利用自身巨大优势，直面新局，积极应对。近年来，传统媒体提出了多种主张，力图采取措施以多种方式进行自我改变，来适应新媒体时期的不同要求。传统媒体根据自身优势和特点，主要抓住内容、渠道、终端三个方面，主动向新媒体延展，力图打造出跨界与混搭的新媒体样式。传统媒体希望与新媒体以媒介融合为核心，实施全面转型升级，开创全媒体发展的新战略。

## 一、广播电视：社交化之路

"媒介融合"是近年来传媒界频繁使用的一个词语。1978 年美国著名媒介学者尼葛洛庞帝提出媒介融合的概念，并对计算机网络、出版业和广电业未来的融合作出了判断。如今，这一个预见已经成了千真万确的事实。

在媒介融合不断推进的情况下，"三网融合"的主张被不断强化，即电信网、广播电视网和互联网的融合。三网本来是三个不同形态的、为了自身发展需要而兴建的网络系统，兴建之初三者相互之间并没有直接关系。但是网络和新媒体的发展改变了这一切，在新媒体的冲击下，电视也需要"上网"，具体做法是：借助媒介融合的力量，将社交网络（Twitter、Facebook、微信等）的主动体验和电视的被动观看进行有机结合，让它们进行无缝连接，从而形成社交电视。社交电视是"能够在看电视的情境下支援传播及社交互动的任何技术，并包含能够研究电视相关的社交行为、装置及网络"，表现为人们"拿着平板看电视"或"拿着手机看电视"。也有厂商力图发展出智能化的电视机，通过电视可以有效连接网络，实现网络功能与电视节目观看的有机统一。

社交电视是通过社交平台或社交终端来实现电视内容的社交化。在互联网终端的支持下，互联网与电视等视频内容的提供方相互合作，可为用户提供电视签到，而且可以把签到的状态分享、传播至第三方平台。社交电视在依托多种技术终端的同时，重构了用户的消费体验，改变了用户看电视的习惯。社交电视是一条完整的产业链。在社交电视铸就的产业链上，内容提供商、平台运营商以及广告主都起到了关键作用。

## 二、报业：融合式生存

面对新媒体的冲击，报纸是最早意识到危机并力图改变的传统媒体。在媒介融合时代来临的同时，"纸媒贬值论""纸媒边缘论""报纸消亡论"不绝于耳。2005 年菲利普·迈耶在《正在消失的报纸：如何拯救信息时代的新闻业》一书中说："30 多年来，新闻报纸一直以缓慢却稳定的速度流失着读者。"①

① 菲利普·迈耶. 正在消失的报纸：如何拯救信息时代的新闻业 [M]. 张卫平，译. 北京：新华出版社，2007.

报纸面临的挑战很多，主要有报纸销量下降、报纸读者减少、面临数字化困境。也有学者认为，报纸媒体独有的物理及传播特性是其他媒体一时无法替代的。第一，报纸仍然具有权威性。第二，报纸具有史料性。第三，报纸具有思想性。第四，报纸具有地域性。

报纸的这些特性，很大程度上来自其历史惯性，习惯阅读报纸的读者不愿意迅速改变自身的习惯。老读者可以使报纸继续存在，但报纸不能坐视自己成为老年用品并最终消失。让青年一代养成读报的习惯是报纸关注的头等大事，出路看起来是网络，具体做法为数字化。为了促进报业的数字化发展，报业在多年实践中总结出以下几条准则：①发挥报业优势，坚持内容为王。②满足读者需求，坚持受众为本。③提高社会影响，打造品牌价值。④积极转型升级，坚持媒介融合。媒介融合促进了新闻传播业务的全面变革，产生了"融合新闻"，又称为"多样化新闻"，它是当前新闻传播领域的主流。

## 三、期刊：数字化发展

美国学者道琼斯的"波纹理论"，从整体上提出了信息资源管理的理念，"一个新闻事件发生，就像一块石头投进水里，会产生很多波纹，一个波纹一个波纹地扩散开，影响面会迅速放大。道琼斯可以把这个新闻通过道琼斯通讯社、《华尔街日报》（网络版）、CNBC 电视频道、道琼斯广播、《华尔街日报》等七种不同的媒体卖七次"[①]。如我国的《家庭》杂志，通过互联网多个载体进行转载传播，在资源共享的基础上，较成功地利用不同类型媒介的内容差异，生产出个性化的产品来满足不同受众的需求。它有手机版、多媒体版、语音版、网络版、博客版，可实现信息资源的全方位挖掘和价值的再传播、再利用。在实践新闻"波纹理论"的基础上，新闻产品链也由此形成。

从某些方面看，新媒体为期刊的发展提供了难得的机遇。数字技术的发展为跨媒介之间的融合、合作提供了技术支撑和保障。数字技术能够

---

① 郑强. 从传统报业到全媒体的探索之路［J］. 传媒，2008（10）：37 –39.

"借助专门的设备将各种信息片断，包括视频、文字以及声音等转化为电子计算机所能够识别的二进数字，通过在网上处理、传送和压缩，打破了以往不同传媒之间的技术阻碍而被整合成为单一媒介"①。在此语境下，媒介融合可以进行各种形态的信息传播，报纸、期刊、网络、广播电视等媒介互相渗透与联动。麦克卢汉也早已预见到媒介融合的这种混杂特性，他把它称为一种"内战"，其中"媒介的交错或混杂释放出新的巨大的力量和能量，如同核裂变、核聚变产生的一般"②。可见，跨媒介间的这种"杂交"力量是惊人的。数字化期刊是媒介融合的典型产物，它是传统期刊形式的大解放，是音频、视频、数码图片、文字符号等多媒介形式和资源的整合，成为"一切媒介的延伸"。

媒介融合引发连锁反应将促使"大媒体"经营理念的产生。在大媒体产业时代，产业结构转型的动力来自于产业融合，整个传媒业需要在一个新的更高的层次上进行融合、重组。从全社会层面看，媒介产业融合是一次新型的产业革命，它不仅会改变传统的媒介产业结构，其资源配置、整合方式也必然会发生结构性变化，形成新的经济增长点。

数字化期刊是一种信息产业的经营和延伸。期刊产业突破原有形态束缚后，正在向其他传统产业渗透，即把其他产业的信息资源整合成数字期刊的产品和服务，把内容、包装、传送和终端紧密结合起来。有学者认为："准确地说，我们传统媒体在未来的定位应该是内容的经营者。不单单有内容，还要经营内容。不但有资源，还要把这个资源变成一个产品，变成产品以后，要把它经营好。经营的话，不单单是销售的问题，还有多种产品的开发，多种开发的销售，然后实现我们复合性的生活。"③ 数字化期刊走向产业化、集团化和品牌化是必然发展趋势。它由单一产品发展为多介质、多媒体产品并利用品牌优势资源向相关产业延伸。"融合新闻"的发展，有演变成一种独立运行、流程完整、操作规范的新闻生产模式的可能。

---

① 安东尼·吉登斯. 社会学［M］. 李康，译. 北京：北京大学出版社，2009：485.

② 克里斯托夫·霍洛克斯. 麦克卢汉与虚拟实在［M］. 刘千立，译. 北京：北京大学出版社，2005：96.

③ 吴海民. 媒体变局：谁动了报业的蛋糕？——关于报业未来走势的若干预测［J］. 中国农业，2005（11）：23.

# 第三节　媒介融合：传统媒体的最终选择

尼葛洛庞帝在《媒体实验室：在麻省理工学院创造未来》一书中描绘了媒介融合的蓝图。他用三个圆圈来描述计算机、印刷和广播三者的技术边界，认为三个圆圈的交叉处将成为成长最快、创新最多的领域，并且这三个圆圈呈现出叠加和重合的发展趋势。在他看来，媒介融合是在计算机技术和网络技术二者融合的基础上用一种终端和网络来传输数字形态的信息，由此带来不同媒体之间的互换性和互联性。美国佛罗里达州坦帕市（Tampa）"媒体综合集团"（Media General）的经典案例，从真正意义上迈出了媒介融合的跨时代步伐。

## 一、媒介融合的界定

对于媒介融合概念的界定至今没有定论，比较具有代表性的是美国新闻学会媒介研究中心主任纳齐森（Andrew Nachison）的观点。他认为媒介融合是指："印刷的、音频的、互动性数字媒体组织之间的战略的、操作的、文化的联盟。"[1] 此定义更多是指各个媒介之间的合作和联盟。我国学者许颖发现，媒介融合是分层次、分阶段进行的。第一层次是媒介互动，即媒体战术性融合；第二层次是媒介整合，即媒体组织结构性融合；第三层次是媒介大融合，即不同媒介形态集中到一个多媒体数字平台上。[2]

有学者对媒介融合进行了分类。学者戴默等人提出了"融合连续统一体"的概念，界定了"融合新闻"的几种模式，包括交互推广、克隆、合竞、内容分享和融合五个方面。还有学者把媒介融合界定为一种能力。美国堪萨斯大学新闻和传播学院的甘特认为它是"一种可以通过报纸、电视、广播、网络、个人数字助理以及其他一切可能出现的信息平台进行信

---

① 刘颖悟，汪丽. 媒介融合的概念界定与内涵解析 [J]. 传媒，2012（1）：73 – 75.
② 许颖. 互动·整合·大融合——媒体融合的三个层次 [J]. 国际新闻界，2006，28（7）：32 – 37.

息传递、广告售卖的能力"①。

香港传播学者宋昭勋曾经对"融合"一词的演进历史进行过梳理,认为在不同传播语境下该词可以表达多种不同含义,即媒体科技融合、媒体所有权合并、媒体战术性联合、媒体组织结构性融合、新闻采访技能融合和新闻叙事形式融合。②

媒介融合是在传统媒体与新媒体从对立碰撞转向合作依存的背景下提出的,加上媒介市场的不断细分、社会阶层的分化、受众的"碎片化"、新媒介形式层出不穷、媒介终端功能日益强大、跨媒体所有权成为可能等因素,促使媒介融合成为不可逆转的潮流。媒介融合是在数字技术、网络技术等传媒技术的基础上,以受众需求为导向,从整体上打破传统传媒业的边缘,凸显个性媒介的优势,实现立体式传播效果的演变过程。

## 二、传媒从业人员的融合媒介素养

媒介融合极大地改变了媒介生态,导致媒介文化的重构与整合,人们也趋向于适应更加混合、多样化的文化生存模式。同时,媒介融合重新整合了新闻与传播业务,建构了新的传播模式和采编流程。传统媒体同新媒体的融合协作,不断充实、更新与优化新闻和信息内容,促使大量优质内容的生成与共享。而这个过程,对编辑、记者等传媒从业人员的媒介素养提出了更高的要求。

跟传统媒体的媒介素养相比,媒介融合时期的媒介素养具有"双向沟通"和"去中心化"等基本特征。对记者而言,媒介融合的结果要求他们不仅仅是单纯的报刊、广播或电视记者,而是综合性的信息采编者,媒介融合为记者提供了充分施展才能的机会。媒体形态的多样化使他们有了更多的选择平台,记者需要成为能在跨媒介、跨平台中承担不同工作的全能型记者,需要以多媒体融合的技能完成新闻事实的采集与表达。

对数字编辑而言,"融合媒体"下的编辑思维是极为复杂的。媒介编

---

① 邢立双. 浅析媒介融合视野下的重大主题网络报道——以央视网国庆60周年报道为例 [EB/OL]. media. people. com. cw/GB/2214/44110/142321/10198887. html.

② 戴元初. 数字化引领下的传媒变革 [J]. 新闻与写作,2006(1):9-11.

辑的思维是多种思维方法相互结合、补充的产物，也是发散性与聚合性、线性与非线性、静态与动态等思维方式的融合。对期刊编辑而言，由于媒介融合带来的不同媒介内容的流动和相互整合，传统媒体单向的"议程设置"变为了双向互动，"议程"开始更多从网络媒体向传统期刊媒体"溢散"，因而编辑要善于通过对文稿的选择、版面的优化、"超链接"运用、信息检索、网络论坛等方式来有效地设置媒介议程，满足公众的信息及内容需求。此外，编辑内部之间以及和其他团队之间的合作变得更加重要，在内容和形式方面，都要适应融合媒体时期的要求，要有多向思维、独特视角、新颖创意。融合媒体时代的合作不仅是记者编辑的合作，也不仅是作者、读者、广告、发行等相关人员的密切协作，还要与社会和市场紧密联系，不断地碰撞、协商和适应。

总之，今后的融合媒体必然更加个性化、精准化。如果"内容决定论"继续成为新媒体时期媒介信息生产的基本规则，"以编辑为中心"就仍然是媒体运作的主要模式，编辑对浩如烟海的信息进行过滤、聚合和整合，以实现对新闻资源的最大优化。无论是记者还是编辑，都要在大文化、跨学科视野中拥有"大编辑"全方位、立体式的思维方式，充分利用"大媒体"、多媒体传播手段和渠道，生产出极具多样化、个性化的优质新闻产品。

# 第四节　我国传统媒体与网络新媒体融合的探索

1995 年 10 月 20 日，中国传统媒体《中国贸易报》最早触网。1996 年广东南海音乐台、广东人民广播电台等率先开办了网上节目，1997 年在网上连续 48 小时直播了香港政权交接仪式。同年，中央电视台通过网上视频开始播出部分节目。1998 年 12 月 31 日，上海电视台与中央电视台合作首开大型活动网上视频直播先河，但由于带宽的限制，当时能够欣赏到网络直播的网民寥寥可数。网上广播到 1999 年后才在互联网络上崭露头角，到 2002 年底，全国有近 200 家广播电台在互联网络上开办了网络电台或实现广播节目网络播出。报纸、杂志、广播电台、电视台纷纷上网，形成了中国网络媒体发展的初级阶段。

传统媒体一直努力与网络融合，从初始无独立域名的网站、单一文字的信息、无多媒体呈现、不能定时更新、信息缺少交互、无数据查询功能，到后来广泛采用独立域名、使用多媒体信息、定时更新、增强网络交互、网络媒体品牌化和独立性逐步突出，甚至融入网络多种服务功能，传统媒体的挣扎不可谓不剧烈，但随着时间的推移，大家发现无论是在被关注度、传播影响力，抑或在广告经营等方面，很多传统媒体的网络化尝试都不同程度地陷入了困境。大量的报纸关停（包括上海《东方早报》这种品牌度较高的纸媒），不少电视台栏目停播。

传统媒体从业人员流向网络新媒体。曾是中央电视台《新闻调查》的执行制片人刘春 2012 年 5 月加盟搜狐公司；曾供职《南方周末》《南风窗》的资深记者陈菊红 2007 年后加入腾讯网；曾在《东方时空》《焦点访谈》《新闻调查》栏目中任记者和编导的王利芬现为优米网创始人兼 CEO。人才流失进一步加大了传统媒体数字化转型的难度。

2010 年后，移动互联网迅速崛起，面对来势汹汹的新媒体浪潮，传统媒体在微博、微信和新闻 App 兴起之际，纷纷上马这"两微一端"的标配，以此作为自身的"新媒体装备"，甚至一个媒体可能有多达数十个微信公众号。但其核心发展思路还是"传统媒体为体，新媒体为用"，而在这种思路指导下的媒体转型，却是治标不治本的"＋互联网"行为。我们可以做一个对比，截至 2013 年 3 月《南方都市报》新闻 App 有 11 万的用户量，而 2013 年 5 月腾讯新闻 App 的装机量却是 2 个亿。传统媒体新闻客户端走的是"内容驱动"路线，网络媒体新闻客户端走的是"技术驱动"路线。没有传输的渠道，"酒香也怕巷子深"，优质的内容难以传达给受众。如腾讯、新浪、搜狐、网易、今日头条等，以网络技术为核心支撑的商业网络公司对媒体传播业务的介入结果要远远优于传统媒体对网络新媒体的拥抱。

　　仔细思考，商业网络公司对传统媒体施以影响分成三大阶段：第一阶段是网络这种全新传播介质出现，数字化、即时传播和海量链接、利用网络"去中心化"的技术影响了传统媒体的垄断地位，但由于商业网络公司没有新闻采访权，所以它们还得向传统媒体支付费用以获取一手内容的版权，这个阶段传统媒体的主流地位还是不容置疑的。可是随着第二阶段网络公司大量的 UGC 出现，它们冲击着核心内容生产业务，实现了功能价值上的替代，传统媒体的客户折服于新媒体，广告被分流到了新媒体，传统媒体的商业模式根基受到动摇，"泛媒化"直接影响市场份额。第三阶段由于智能终端设备在大众中的普及，碎片化时间的力量最大限度地发挥出来，商业网络公司对传统媒体的依赖持续减弱，甚至于彻底"脱媒化"，这是颠覆性的改变。

　　传统媒体跟网络新媒体的融合不是在原有模式基础上画延长线，而是把互联网当基础，当运营的基本逻辑，所有的内容生产、营销行为都要考虑网络的规则与机制。传统媒体更需要依靠多年积累而来的影响力、独特的新闻视角和鞭辟入里的新闻解读能力，保持并突出自身专业内容和原创优势。同时，还要适应新环境下用户需求的变化和多元化的特点，转变内容运营的思维，实现从传统的新闻思维到以产品思维、服务思维、数据思维和互动思维为中心，才有可能在与新媒体的竞争中争得一席之地。

# 第四章　新媒体中的传播

　　人类的传播活动，从人际传播到大众媒体的传播，无一不是技术、社会、文化、市场等多种因素推动下的不断进步与融合。每一次发展，每一种新兴媒体的出现，都是对原有媒体的延伸和拓展。从书籍、报刊、广播电视，再到现在业已成为主流的网络新媒体，不仅是出现了一种又一种不同的媒体形式，而且信息的传播结构与空间也发生了一系列的变化，比如由以传者为中心的大众传播向以受者为中心的小众传播的方向转变等。随着媒体数字化和传播网络化的进程持续不断，网络新媒体对人类生活的影响也越来越深刻。同时，复杂多样的文化交流与生活方式的变革，也促使媒体传播的结构与方式发生深刻的变化。

　　考察人类的信息传播形态，任何媒体的信息传播都遵循基本的传播规律。信息从信息源产生后，通常由发布者通过特定的传播介质发布，然后信息经过固定的渠道到达信息接收者，接收者再对信息作出一定的回应。每一种传统媒体的革新，基本都着眼于加强传媒介质的效果、拓宽信息传播的渠道、丰富传播信息的类型。而其遵循的传播模式是固定不变的。

　　技术的进步促进了媒体与传播的革命性变化，以往因媒体差异带来的传播方式区分在网络新媒体时代失去了意义。网络与新媒体完全融合了语言、文字、印刷、出版、电影、广播、电视等媒体，构建成了一种融合的传播形态。信息传播的模式也随之发生了相应的改变。

　　作为对现代社会影响广泛的媒体，其发展变化的动因，表面上看是出于技术的进步，但从社会整体发展的角度看，网络新媒体的传播发展绝非简单的技术问题，需要综合考虑社会系统中很多因素，考量它在传播、营销、文化、社会等领域中所激发的意义与影响。

# 第一节  新媒体的传播模式

传播是一个从传者到受者的信息流通过程。在实际生活中，人类的传播活动具有普遍性，传播各组成要素之间相互联系、作用，但按照系统理论观点，它同时还是一个与社会大系统中各个组成部分发生多边关系的子系统，这就使得传播系统及其结构纷繁复杂。研究信息传播的基本过程，用系统理论观点下的模式化方法是一个好选择。用模式化方法去研究传播的内在结构以及构成的诸多要素之间的关系，能够使复杂的传播结构直观且简化，能够使无止境、循环往复的传播过程固定化、静止化，从而能够进一步认识和研究传播的特点与规律。传播学研究中使用模式化方法建构传播模式，实际上就是科学地、抽象地在理论上把握传播的基本结构与过程，描述其中的要素、环节及相关变量的关系。这种模式方法对传统媒体和网络新媒体的传播研究都简捷有效。

网络新媒体是建立在数字技术发展的基础之上的。但网络新媒体并非一种全新的、独立的媒体，它更多的是作为一种手段、载体、中介、技术平台，通过传播的内在过程，影响到传播的方式、形式、形态或效果甚至理念，新旧之分只是相对的，媒体的数字化只是反映了传播的媒体表现形式的变化而不是对既有传播通道的取代。在传播的意义上，网络新媒体与传统媒体是一致的，都致力于对传播目的的深化和完善。

传播学一般将传播形态分为自我传播、人际传播、群体传播、组织传播、大众传播等。网络新媒体常见的信息传递方式有广播、组播、点播、P2P 等。尽管在某些表现形式或运用方式上两者还有显著区别，但在传播特点上它们有着高度的一致。大众传播可以说就是一对多（不知道确切的受众）的广播，群体传播和组织传播是组播，人际传播就是点播或者 P2P。由此，网络新媒体的传播模式仍可以在传统媒体的传播模式中得到解释。

# 一、媒体传播的基本模式

## （一）SMCR 模式

SMCR 模式又称贝罗模式，其中 S 代表信息源 source，M 代表信息 message，C 代表通道 channel，R 代表接收者 receiver。SMCR 模式明确而形象地说明了影响信息源、接收者和信息传播的条件，说明信息传播可以通过不同的方式和渠道，而最终效果不是由传播过程中某一部分决定的，而是由组成传播过程的信息源、信息、通道和接收者四部分以及它们之间的关系共同决定的，传播过程中每一组成部分又受其自身因素的制约，如下图所示。信息源是传播的起点；信息是需要交流传播的内容；编码器将信息译成可被传播的形式，这种形式通常是人类感官不能直接感知的；通道是用以从某地向异地传递信息的媒介或传输系统；解码器将编码过程逆转过来；接收者是传播的终点；介于信息源与接收者之间的反馈机制可被用于调节传播的流动；噪声指在信息交换过程中可能带入的任何失真或误差。

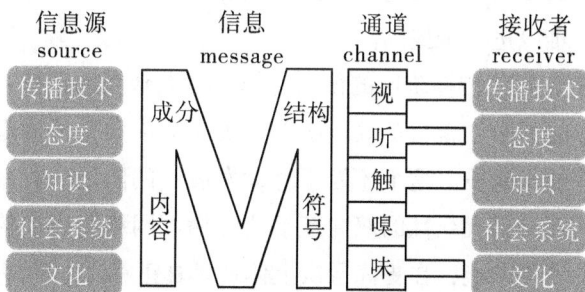

SMCR 模式

SMCR 是传播过程的一种基本模式，它简要分析了信息在从信息源→信息→通道→接收者然后返回到信息源的来回传递这一过程中的信息交流。此模式可应用于人类传播的所有形式。

从传播方式看，人类社会的传播经历了口语传播、模拟技术传播和数字新媒体传播三个阶段。

（1）口语传播是典型的点对点、面对面的对话式人际循环传播。它提供了面对面的可观、可听、可感的交流情境，此时传播的主体互为传者和受者，成为传播的施动者。媒体使用的主要是口头语言和非语言如动作、眼神、面部表情等。人际传播的信息交换有了在场性，因而突出地显示了传播的本质。施动者间的传播不仅是双向的，而且是循环的，不一定有明确的过程。受传播施动者的生理限度以及时间、空间局限的影响，施动者之间传播的信息量小，信息范围狭窄，信息质量很难保证，因此很少能满足双方可接受的、接收能力范围内的信息量与质的需求。

（2）模拟技术传播阶段的显著特征是大众单向传播。如文字描述是对现实的模拟，难以做到对现实的完全复现。印刷技术是批量复制技术，它的产品很难被及时修改。电子模拟技术在不断的传播中容易使信息失真、扭曲。这些都是大众单向传播的基本特点。大众传播是媒体组织采用现代机器设备，大批复制并迅速传播信息，从而广泛影响受众的过程。这种有计划的、一对多的、大批量发散信息的传播，使人们能实现跨时空的、大范围的交流。但传统大众传播是单向性传播，信息反馈渠道不畅、反馈功能不强。大批经媒体组织编译、整理、复制的信息封闭式地传递给被简约化、同质化了的受众，容易造成社会意识的单一化，形成对社会舆论的控制，传播效率难以进一步提高。

（3）数字新媒体传播阶段的最大特征就是大众互动传播。数字媒体的出现及其技术的不断创新与扩散，使得传统大众单向性传播迈入了数字新媒体传播时代的新阶段。这个还处于继续发展中的阶段，其主导特征就是互动式传播，而且是大众性的双向互动式传播。网络新媒体传播融合了传统媒体良好的传播功能，在更高层次上体现了真正意义上的传播特性。

## （二）奥斯古德—施拉姆循环模式

威尔伯·施拉姆（Wilbur Lang Schramm）在奥斯古德（Charles Egerton Osgood）的传播模式的基础上，提出了传播的循环模式，如下图所示。这一模式突出了信息传播过程的循环性，强调在传播中信息会产生反馈，并为传播双方所共享。另外，它对以前单向直线模式的另一个突破是：更强调传受双方的相互转化。它对传统的单向直线模式是一个补充。其缺点是未能区分传受双方的地位差别，因为在实际生活中传受双方的地位很少是完全平等的，所以这个模式虽然能够较好地体现人际传播尤其是面对面传播的特点，却不能适用于大众传播过程。

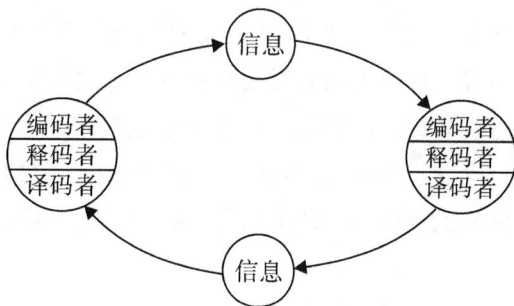

奥斯古德—施拉姆循环模式

如果将这一模式与网络新媒体中的互动电视（如网络电视、手机电视等）传播过程相对照，就会发现它们之间有着惊人的相似之处。

无论是利用 SMCR 模式还是利用奥斯古德—施拉姆循环模式来表征数字新媒体传播的基本模式，都可以清楚地发现在数字新媒体的传播过程中，互动传播和即时传播是数字新媒体传播最显著的共性特征。因此，这些传播模式对研究各类数字新媒体传播具有较为基础和广泛的示范意义。

## （三）5W 模式与交互传播模式

哈罗德·拉斯韦尔（Harod Lasswell）提出的传播过程就是：谁（who）→说什么（say what）→通过什么渠道（in which channel）→对谁（to whom）→有何效果（with what effects），这一模式被称为拉斯韦尔模式，又称 5W 模式，如下图所示。

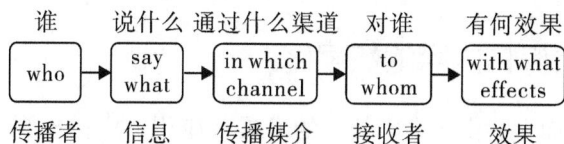

5W 模式

5W 模式可以普遍应用于大众传播，其奠定了传播学研究的范围和基本内容。在5W 模式中，信息的传播是单向一维的，传播者与接收者身份行为区分明显。这一传播模式虽然较好地概括说明了传统大众媒体单向传播的路径，但显然无法反映当今绝大多数网络新媒体的传播过程与传播规律。在许多新媒体中，尤其是在即时交互的网络新媒体中，比如手机媒体、网络即时通信等，接收者同时又是信息的传播者。决定传播能否发生的关键因素不再是媒体组织的决定，而是该信息对接收者、传播者的价值和意义，只有当信息能有效地激发接收者主动向传播者转化，有效的传播才会发生，两者之间的角色融合使得信息传播的速度不断加快。

## 二、网络新媒体的融合传播

网络新媒体的融合传播是一个复杂且具高度综合性的问题，这在信息编码及传播介质两方面有充分体现。

由于新媒体是由各种数字化的元素组合而成，只是在格式和码率上有所区分，在传播过程中，媒体的内容信息都是以数字化元素形式出现。比如，描述文字信息的文本元素与描述电视节目的声音和图像元素，在传统模拟传播时代有很大差异，但在数字化媒体中则没有任何本质上的区别，这犹如将不同的信息编码方式进行了统一，为在传播的根本环节上不同类型的媒体相互融通提供了实际的可能性。

传播介质方面也体现了网络新媒体传播的融合形态，由于数字传播技术介入媒体传播领域，不同的传播方式可以在同一个传输平台上实现，比如，借助于数字交互技术，可以在广播电视网络中同时实现广播、组播和点播等，这种多样性的数字传播方式使得不同的传播方式整合成了一种数字媒体传播。

### （一）新媒体内容的数字化

在技术层面上，由于数字技术的发展和应用，广播电视、语音、数据等信号都可以通过统一编码进行传输和交换，成为统一的"0"和"1"比特流。尼葛洛庞帝在其著名的《数字化生存》一书中就指出：在数字世界里，媒体不再是信息，它是信息的化身。一条信息可能有多个化身，从相同的数据中自然生成。所有传播的信息都可以通过"0"和"1"的组合形式表现出来，统一数字化的媒体抹平了众多媒体的差异，最后整合为一种传播媒体，也就是数字传播媒体。

从传播历史进程来看，口语传播、文字传播、印刷传播、电子传播的发展是一个依次叠加的进程，在媒体数字化之后，这些传播活动方式可能在一个平台上汇集，即互联网传播。根据国际电信联盟对媒体的分类，感觉、表述、表现、储存媒体（如声音、文字、图形和图像），语音编码、图像编码等各种编码，硬盘、光盘等存储媒体，都可以整合到一台计算机中，使计算机成为一个综合性的传播媒体。

数字新媒体的传播媒体整合形态典型地体现在互联网等传播平台上。这种平台系统集声音、图像、数据于一体，并有按需存储和交互功能。信息的数字化涵盖会话、数字、文字、图形、音乐、电影和游戏等内容，使各种信息能被计算机储存、处理和传输。数据库里的信息和处理程序可以由其他用户自由访问、传送、直接使用或存储。另外，这种系统是交互式的，通过简单的设备，所有的信息站点和用户都能互联。用户可以与其他用户或站点相连，也可以从站点或其他用户那里得到直接或单独的回应。

## （二）新媒体传播的数字化

人际传播是个体与个体之间的信息交流活动，因此交互性是人际传播的主要优势。但是，传统人际传播的范围非常有限，且传播资源也相对匮乏，这是人际传播天然的不足之处。

大众传播是指专门的传播机构通过特定的技术手段或工具向为数众多的、分散的受众进行的大规模信息传播活动。大众传播超越了人际传播及组织传播的局限，可以通过传播媒体把信息传播给为数众多的、地域分散的广大受众。但是大众传播是单向的传播，信息的及时反馈和交互无法实现，因此传播的深度和效果远不如人际传播。

在网络新媒体传播方式中，点播和 P2P 就是一种在数字技术背景下实现的新的人际传播，借助于数字技术和网络技术，突破了传统人际传播的范围有限和资源匮乏的缺陷。大众传播方面，对传统媒体数字化之后产生的数字电视广播、数字音频广播等，目前仍然是主流媒体。但是，随着数字新媒体技术的进一步发展与提升，这种数字化的大众媒体也突破了自身所具有的大众传播的局限和特质，不仅融入了组织传播的功能，还融入了更多的交互功能，也逐步呈现了人际传播的特质。

由此可见，网络新媒体的传播就是借助数字传播技术将人类社会的各种传播形态予以有机整合，充分发挥各种手段的优势，形成人类媒体传播的新形态。特别是人际传播与大众传播结合的传播方式，一方面加强了大众传播的深度，另一方面扩大了人际传播的范围和增加了人际传播的信息资源。正是这种高度整合的社会性传播，加快了信息传播的速度，提高了信息传播的容量，降低了信息传播的成本，加强了信息传播的效果，数字新媒体传播整合将成为当今数字新媒体传播的一种趋势、一种必然。

# 第二节　新媒体的传播特征与属性

通过对网络新媒体的传播模式的分析可以发现，由于数字技术和网络技术介入传媒领域，原先各种传统媒体单一的传播特质发生了深刻变革，演变成一种高度交叉或融合的社会性传播，从而显现出新媒体有别于传统媒体的特有的传播特征与属性。随着网络新媒体技术进一步发展与应用，传统媒体不断数字化，新的数字媒体层出不穷，传媒服务平台日新月异，网络新媒体显著的传播优势会得到进一步的体现。

## 一、新媒体的传播特征

### （一）数字化传播

数字媒体是由数字化的元素组合而成的，不同媒体形式之间没有实质差别，只有格式的区分。如一个电视节目的画面、声音只能是由多少码率的传输流组成。一个文字文件可以是 txt 格式，也可以是 PDF 格式。由于媒体的数字化，用来描述一张报纸报道的文本元素与用来描述一个广播电视节目的声音或图像元素没有什么本质上的区别。数字化的媒体可以实现更加简洁多样的传播，这样观众可以通过执行筛选、复制、下载、储存、添加、转发、搜索、链接、整合等程序指令把媒体元素打散，按照自己的需要进行组合以获取信息。

### （二）复合化传播

复合化传播指网络新媒体的传播同时兼具自我传播、人际传播、组织传播和大众传播等不同的形态。早期的个人网站，后来的博客，再到移动端的微博、微信，网民发出信息，自己也浏览自己发出的信息，在这个过程中，信息的发出者和接收者是同一个人，它存在的反馈，是由人的自我感觉和自我意识构成的，这不就是自我传播吗？网络新媒体中的电子邮件、私聊，展示的是个人与个人之间的信息传播，体现了人际的传播，由于网络突破了时间和空间的限制，其平台上的人际传播拥有了更大的广泛性、偶然性和多重性，甚至陌生网友之间的匿名性。很多单位、企业、公司都有自己的办公系统，加上 QQ 群、微信群，共同目标和协作意愿特别明显，这显然是组织传播的网络化。网站新闻栏目、网络新闻 App、官微、微信公众号，它们拥有专业信息传播者，通过一定的机构和技术向大量分散、不确定的受众传播信息，完全展示了大众传播的面目。网络传播融合了自我传播、人际传播、组织传播、大众传播等诸多传播类型，也可以说这 4 种类型的传播交织纠缠在一起，形成一种散布型网状传播结构。

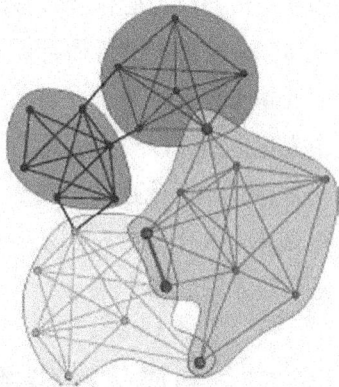

### （三）积极性传播

从大众传播模式的分析可以看出，对受众来说，传统大众媒体基本是被动性传播，受众在传播过程中的作用往往只是被动接受，消极地扮演信息接收者的角色。无论是报纸、杂志等平面媒体，还是广播、电视等电子媒体，受众都处于同样的地位，传统媒介将信息"推"（Push）给受众。

而在网络上，受众自己选择"拉"（Pull）出信息。网络新媒体极大地提高了用户主动选择的可能性和可行性，新媒体的特性使主动化传播得到体现。比如，用户在阅读数字报刊时，可以随时发表自己的见解，提出补充或修改意见。也可以在观看视频时根据自己的时间安排和喜好，自由选择观看时间和方式。在观看体育赛事转播时，可以自由选择观看的角度（机位）和场面。另外，用户在计算机前可以主动地、不时地做出选择、发出指令，让计算机按照用户的意愿去工作。

## （四）个性化传播

传统大众传播以群体化为取向，以满足大多数受众的需求为目的，提供给绝大多数受众的消费信息几乎一样，选择余地小且内容基本上是由传播者统一决定的。网络新媒体的发展使大众传播发生了根本变化。与传统媒体相比，新媒体的受众群变得越来越小，但是影响变得越来越大，甚至能参与内容的制造。

在从传统的大众媒体向交互的新媒体转移的过程中，受众的权力是递增的。传播权力变化和转移的结果使个性化传播逐渐兴起，并成为网络新媒体又一个典型的传播特征。一方面强大的新媒体技术使得大众传播的覆盖面越来越大；另一方面又可以使传播的指向性越来越小，实现窄播直至个人化传播，以致个人化的双向交流成为现实。正如尼葛洛庞帝在《数字化生存》中所论述的，在后大众传播时代（数字媒体传播时代），信息变得极端个人化，个人化是窄播的延伸，受众从大众到较小和更小的群体，最后终于只针对个人。

# 二、新媒体的传播属性

## （一）交互性

在传播领域，交互常常被当作双向的同义词。交互传播一般指信息接收者能实时将信息反馈给信息源以修改传播内容。实际上人际传播的交互性是最典型的，谈话中两个人不仅轮流倾听对方，而且可以根据收到的变化信息及时调整他们的反应。传统大众传播也有一定的交互性，像报纸、杂志的读者来信，电台的听众热线，电视的现场参与等都包涵了传受之间的交互。

在网络新媒体中，由于计算机、智能手机、互联网等数字终端和网络技术的进步，媒体操作、处理、运算的性能得到了极大地改进和提升，交互响应越来越直接充分，有时甚至超越人的承受能力。比如，当用户查询某个资料、某条信息时，随即涌现出成百上千个选择，导致搜索者本人回应不及。网络新媒体优越的交互性还体现在它可以超越时空，并能提供多样化交互形式，如上网点击，回应的表现方式有文字、声音、图片、动态图像、影像等。在网络平台上，传受两方的反馈渠道不再薄弱，而是变得强大，往往还更有力、速度更快，传受纵向之间有反馈，且传受横向之间也有反馈，呈现出多元动态沟通的局面。

## （二）人本性

传播作为一项社会行为，其根本目的是维护人的根本利益，促进社会的健康发展。最符合人的发展需要的信息传播，即人本性的传播，应该是自由的、充分的、便利的、有价值和有意义的，能满足个人生活和社会活动所需要的种种思想和精神的共享与交流。在数字加网络的新媒体时代，更加重视人的需求和感受，个人通过互联网、手机可以随时进行信息沟通，人际传播的性质和优势得到凸显和强化，传统的、倾向于无差异的广大受众，开始分隔为趣味相投的或者利害相关的小众，如各种各样的网络社团、论坛群体、短信交友俱乐部等。在小众中，以某种共通的概念为表征，人们也许更容易找到志趣相投的伙伴，从而舒展个人的意愿及表达空间，促进社会的多元化发展进程。

数字新媒体传播的人本性也体现在因数字技术提供的保障和便利让使用者可以根据自身的个性需求而有针对性地、有效地接收和传播信息。保罗·莱文森（Paul Levinson）在《数字麦克卢汉——信息化新纪元指南》（*Digit McLuhan*: *A Guide to the Information millennium*）一书中对互联网等新媒体现象进行了深入的分析，认为在新一轮信息时代来临时，权力结构将面临巨变，数字时代打破了中央集权，人微不再言轻，个人角色因重新赋权而变得更重要。

## （三）融合性

新媒体传播的融合性指所有的传播技术都快速地融合成一种普通的计算机可识别的数字形式。由于新媒体的基础技术是全世界一致的数字技术，信息传播可以轻易跨越媒体形态，甚至跨越国界。高性能的互联网络与数字电话、电子文件、计算机数据以及视频传输等自由结合，使每一个人都能在家里享受到全球一致的信息传播服务。

美国南加利福尼亚州大学视觉艺术系教授列夫·马诺维奇在《新媒体的语言》一书中提出了其独到的软件媒体（Software Media）理论。软件媒体的特征是可计算、可编程。他认为在计算机时代，电影以及其他已经成熟的文化形式，已经真确地变成了程序代码。它现在可以被用来沟通所有形态的资料与经验，并且其语言被编码在软件程序、硬设备的接口与预设状态中。通过数字的表现，一个物体按照一定的算法可以被数字化地描述，即媒体变成了可编程的媒体。旧媒体的重造依赖于原始的物体，而新媒体具有可变性，它允许读者可以选择性地组合要观看的内容。这样，新媒体成了计算机与文化之间的转换层（Transcoding）的中心，即文化的电脑化逐渐使不同的文化类别进行了转换和融合。

## （四）即时性

传播的即时性也称实时性，指传播过程中传播者和接收者在时间的流程中同时共存、即时响应。在传统大众媒体传播时，报纸和杂志由于印刷本身的限制，无法即时，但是广播与电视作为电子媒体却有实况直播，与受众可以同时共存。那网络新媒体的即时性跟它们相比优势体现在哪儿？1999年，南联盟使馆被炸案第一个报道的不是电视台，也不是通讯社、广播电台，而是新浪网。针对没有预设的事件、突发性事件，只有网络才能做到即时传播。尤其在移动网络已经普及的今天，智能手机、平板电脑如影随形，每一个突然事件的现场总有网友在场，即时传播总能实现。

## （五）主动性

新媒体传播的主动性体现在使用者可以把媒体元素打散，并按照自己的需要进行组合，可以真正实现点播数字新媒体内容。比如，在数字电视播放时，用户可选择自己喜欢或需要的节目观看，也可以下载多个节目，然后通过剪接组成另一个节目样式。传统大众媒体传播是以"推"的方式发送信息，受众只能被动接受媒体推送的一切，而互联网上媒体传播要求受众用"拉"的方式获取信息，受众需要根据自己的喜好和需要，在信息海洋中挑选自己需要和适合的信息。很多网站采用门户方式允许用户选择一些想要的内容，如天气、体育、图片、新闻、电子邮件等。万维网上的搜索引擎使用户通过关键词来完成查询，预示着未来媒体可以由用户进行控制。

## 三、新媒体的传播优势

传统媒体的传播和发展，走的都是同质化传播的路径，把相同或类似的信息，毫无区别地传达给受众。传统媒体高度同质化的传播，不仅仅是同质化的内容不断地重复传播，把传播对象也同质化，更重要的是在这种缺乏变异的传播过程中，受众被迫取消了个性，取消了独立意见的表达权，取消了参与意识，没有自主选择的余地。

数字新媒体的出现，首先带来的是海量信息，其次是互动性。两者都意味着某种程度上的自主选择权。信息传播在经历了传统大众媒体多年"点对面"式的集中传播后，又再次回归到传者与受者自主选择、自由定向的"点对点"式人际传播。这种无缝式的信息链接，是通过"点对点""点对面""面对点"和"面对面"四种典型化的数字新媒体传播模式有机融合而成。在"点对点"的新媒体传播模式中，不论是信息本身，还是信息的传播者或接收者，都是高度差异化的。

异质化传播是数字新媒体的本质优势，创造了一种新的个体化的公共媒体，建立了技术化的人际传播结构，历史性地提供了异质化信息的全球化传播。数字新媒体还原了人在大众化信息传播中的本体性，人不再被当作无差异的某个整体，这在人类历史上具有很重要的现实意义。

### （一）传播损耗趋零

在传统媒体传播实践中，传播过程中的信息损耗难以避免。在传统大众媒体中，信息从制作者、传播者，最后到受众那里，经过了多次损耗（尤其是广播电视媒体传输环节的损耗最大），不能实现完全的真传播。这里的损耗既包括信息传输过程中的物理性变异、衰减，也包括对传播的信息内容所做的事实判断和价值判断，如编辑、审查等环节的影响。与传统媒体相比，新媒体在传播上的优势是信息在传递过程中几乎没有损耗，因为数字信号不容易被干扰或更改，只要基本的"0"和"1"模式仍然能被识别出来，原始的传送就能被还原。而且新媒体很大程度上消解了传统媒体的权威性和把关人环节，信息传播过程中被人为干预或扭曲的可能性也大为降低。

## （二）海量信息

传统媒体传播的信息量总会受到传媒介质特质的局限，达到基本限度后，哪怕想要在传播中增加少量信息，都需要付出更高的代价。如报社采取扩期、扩版的方式增加报纸容量，电视台则增加频道和播出时间，代价高昂，但成效非常有限。新媒体的介质采用数字化编码并使用数字化压缩技术，这样不但提高了信息的传播质量，也增加了信息存储容量和传输时的信道容量。网络中的超链接（Hyperlink）是一种非线性的信息组织方式，它被设计成模拟人类思维方式的文本，即数据中包含了与其他数据的链接，用户单击文本中加以标注的一些特殊的关键单词和图像，就能打开另一个文本，受众由此可以拥有前所未有的巨量信息，并且随时随地根据自己的需求和意愿，进行信息的多向传播。

## （三）便利快捷

网络新媒体上的信息能够以接近光速的速度进行传播，更快更便利地到达受众，不受气候、环境以及地理因素的影响。数字新媒体的日益普及为人们提供了更多方便快捷的信息接收渠道和信息传播途径。以手机的发展为例，保罗·莱文森在其著作《手机：挡不住的呼唤》[1] 中认为手机的

---

[1] 保罗·莱文森. 手机：挡不住的呼唤 [M]. 何道宽，译. 北京：中国人民大学出版社，2004.

出现为人类的传播带来极大的福祉。人类有两种基本的交流方式：说话和走路。但是，自人类诞生之日起，这两个功能就开始分割，直到手机横空出世，将这两种相对独立的功能整合起来，集于一身。手机之前的一切媒体，即使是最神奇的电脑也把说话和走路、生产和消费分割开来。唯独手机能够使人一边走路一边说话。于是，人就从机器跟前和紧闭的室内解放出来，进入大自然，漫游世界。无线移动的无线双向交流潜力，使手机成为信息传播最方便的媒体。

### （四）成本低廉

尼葛洛庞帝认为，新的传播媒体带来的一个变化是新技术删减了很多媒体机构中的中间层面的组织，并且将大众传媒业重新精简为小型的作坊行业。当然，大型的媒体公司仍然存在，实际上它们会变得比以前更为壮大，但是生产一种媒体产品所需要的人力却大大缩减了。例如在一台计算机上编辑出版一些资料，不论是新闻简讯还是图书、杂志，只要一个人就足够了。由于数字技术的支持，一个人利用一台功能强劲的计算机可以制作一部完整的电影，而无须摄影棚、道具背景甚至演员。便携式摄像机、声频录音机和数码编辑器使得制作人足不出户便能创造出形形色色的"生命"。

从传播成本上看，通过网络新媒体传送和收受信息的成本也日益走低。数字化信息在传递中几乎没有损耗并且可以重复利用，这样可以节省大量的资源，受众利用信息而付出的成本也随之降低。

### （五）多媒体传播

多媒体技术的应用是数字媒体融合发展的典型表现形式。数字及网络技术使新媒体的信息源内容及形式更加丰富多样，文本、图片、音频及视频糅合成一个媒体传播产品，成了当前新媒体传播的常态。文学作品有语音版本；新闻报道不仅有图片还有视频。对此人们已经习以为常。同时，多媒体综合传播还允许受众在接收信息时自行编排，重新组合成自己喜欢的结果。如将影视作品剪辑成恶搞视频、把喜欢的明星做成表情包等。这样一来，传播内容可以在文本、图形、图像和声音等信息间建立逻辑连接，能以不同的方式述说同一件事情，各种不同的人类感官经验都被触动。如果第一次传播的时候用文字，受众没明白，那么换个方式，用照片、图形、图解，若受众还有疑惑，则使用视频动态演示，信息内容在媒介的流动中得以整体、立体地展现。

# 第三节 新媒体背景下的经典传播理论

## 一、新媒体传播与"把关人"理论

1947 年美国社会心理学家库尔特·勒温发表了关于如何决定家庭食物购买的《群体生活的渠道》，最早提出了"把关人"概念，此后传播学者怀特在 1950 年将其引入新闻研究领域。

社会上存在大量新闻素材，大众传媒的新闻报道不是也不可能"有闻必录"，而是一个取舍的过程。在这个过程中，媒介组织形成了一道"关口"，通过它传达到受众那里的新闻只是众多新闻素材中的少数。对新闻素材进行取舍、筛选、过滤，决定报道什么事，采访什么人，传播什么消息，何谓重大新闻，版面和节目如何编排等就是新闻把关。新闻筛选的"把关"模式：$S \rightarrow N1 - N2 = N3 \rightarrow M$（S：信息源；N1：新闻；N2：舍弃的新闻；N3：选择的新闻；M：受众）。

影响"把关"的因素，从意识形态开始，到政府再到经济团体，然后是传播价值，往后是媒体，最后到媒介从业人员，可以看出"把关"是一个从宏观层面到微观层面的过程。

在网络新媒体环境下，它的无中心性、开放性、匿名性、散播传递方式、价值多元化等都在摧毁传统意义上的"把关人"。从全球范围看，人们可以自行选择内容的自由度大大增加，这意味着"把关"的减少，"把关人"理论被削减；但是，正因为网络所提供的内容大大增加，这就意味着需要对此有更多的筛选，即"把关"。当组织行为减少时，个体的力量会凸显出来。因此，我们发现在新媒体背景下宏观层面的"把关"相对减弱，而微观层面的"把关"却相对增强，即对受众个体的要求更高了。无论是信息的发布还是信息的接收，受众都需要做好自我"把关"，才能对网络新媒体进行更好地利用。

## 二、新媒体传播与"议程设置"理论

议程设置的基本思想来自美国的政论家李普曼（Lippman，1889—1974 年）。他在《舆论学》一书中说："新闻媒介影响我们头脑中的图像。"无论是媒介现实还是人们头脑中的主观现实都有别于客观现实，即非现实的原生态。1968 年，麦库姆斯（McCombs）和肖（Shaw）以美国总统大选为题进行了早期的量化研究并于 1972 年在民意季刊上发表了《大众传媒的议程设置功能》一文。

文中表达这样一些观点：大众媒介往往不能决定人们对某一事件或意见的具体看法，但是可以通过提供信息和安排相关的议题来有效地左右人们关注某些事件和意见；大众传媒对事物和意见的强调程度与受众的重视程度成正比；媒介议程与公众议程对问题重要性的认识不是简单的吻合，而是与其接触传媒的多少有关，常接触大众传媒的人的个人议程和大众媒介的议程具有更多的一致性。"议程设置"理论暗示了这样一种媒介观，即传播媒介是从事"环境再构成作业"的机构。

网络传播时代来临后，麦库姆斯和肖在 1999 年提出了新假设——"议程融合论"（Agenda Melding）。在其论文《个人、社群和议程融合：社会分歧论》一文中，他们首次提出了新的议程融合的模式。在 2000 年传播效果研究国际学术研讨会上，肖和他的两位助手又提交了《公共议程的衰落：个人怎样与媒介融合以形成新的社群》，对"议程融合论"作了进一步的阐释，这标志议程设置功能研究从媒体层面转向密切相关的社群和个体层面。

网络环境下，议程设置通常是这样一个过程：信息源（事件）刺激个体，个体直接做出判断，并通过新媒介完成个体议程设置；上传网络分享，进入社群，通过反复讨论、评判、博弈、修正，议程被赋予更新的意义和价值，形成社群议程设置；议程也可能进入另一个社群，形成社群间共鸣，形成社群间的议程设置；众多媒介介入，从单一媒介的议程设置，扩展到多媒介的议程设置。

网络中的大众媒介议程包括三个部分：个体议程、社群议程和媒体议程。它的特点是：

（1）新媒介是重要的平台。

（2）个人议程在很多情况下成为议程设置的激发点和归宿点。

（3）社群议程发挥了核心作用。

（4）促成个体议程设置在社会层面得到解决。网络提供给人们议程设置的权利和权力，消解了媒介在议程设置中的权威地位。

网络新媒体传播让"议程设置"理论发生了变化，这种变化除了上面所说的正面影响外，也存在一些负面作用：

（1）有价值议题的流失：信息的泛滥带来了阅读的困难，那些有意义的信息可能得不到受众的注意，也没有进一步成为议题的可能，不少本应成为议题的信息湮没在大量的垃圾信息当中。

（2）议题的失真：在网络中发布信息具有很大的自由度和随意性，缺乏必要的过滤、质量控制与管理机制。

（3）网络舆论暴力的产生及舆论引导困难。

## 三、新媒体传播与"沉默的螺旋"理论

1974 年，德国学者伊丽莎白·诺尔－诺依曼（Elisabeth Noelle-Neumann）对舆论与大众传播的关系进行了研究，提出了"沉默的螺旋"（the Spiral of Silence）理论。这一理论由以下三个命题构成：

第一，个人意见的表明是一个社会心理过程。

（1）社会使背离社会的个人产生孤独感。

（2）个人经常恐惧孤独。

（3）对孤独的恐惧使得个人不断地估计社会接受的观点。

（4）估计的结果影响了个人在公开场合的行为，特别是公开表达自己的观点还是隐藏起自己的观点。

（5）这个假定与上述四个假定均有联系。综合起来考虑，上述四个假定形成、巩固和改变了公众观念。

第二，意见的表明和沉默的扩散是一个螺旋式的社会传播过程。一方的沉默造成另一方意见的增势，使优势意见显得更加强大，这种强大反过来又迫使更多持不同意见者转向沉默。如此循环，便形成了一个"一方越来越大声疾呼，而另一方越来越沉默下去的螺旋式过程"。

第三，大众传播通过营造"意见气候"（Opinion Climate）来影响和制约舆论。

舆论的形成不是社会公众"理性讨论"的结果，而是"意见气候"压力作用于人们惧怕孤立的心理，强制人们对"优势意见"采取趋同、从众行动（从心理学的角度来说，从众心理的产生主要是由于认知失调和对孤独的惧怕。群体的压力会让人产生失调，而从众是减少失调的一种有效方法）这一非合理过程的产物。

但在网络新媒体传播的背景之下，"沉默的螺旋"的作用却被削弱了，这是为什么呢？

（1）在网络中，多数群体并不稳定，因此如果人们在某个群体中感到失调，可以通过转换群体的方式而不是从众的方式来平衡失调。

（2）人们的交往空间随着网络的延伸而无限拓展，人们可以通过在网络中积极地寻找同盟者来消解孤独感，避免了在有限的生活圈子里不断地陷入孤立的尴尬局面，从而大大降低了从众行为发生的动机。

（3）网络传播的匿名性和个性化特点也会使传统的从众心理表现得相对弱一些。

（4）网络时代是个尊重个体、崇尚个性的时代。

## 四、新媒体传播与"媒介景观"理论

法国导演居伊·德波（Guy Debord，1931—1994 年），其代表作《景观社会》写于 1967 年，1988 年再写《关于景观社会的评论》。凭借"媒介景观"理论，居伊·德波表达了对媒介时代的激进批判。

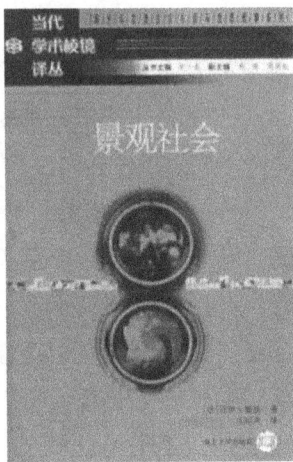

居伊·德波认为我们了解的世界大部分是由各种知识和消息拼贴起来的，是由大众传媒提供的文字、图片和影像所连缀，它们布置出一个大千世界的幻象，我们生活在它们提供的一个知识架构内部。而景观的作用首先就是让人们"看到"，在景观社会中，"呈现的东西都是好的，好的东西才呈现出来。被动地接受，景观通过表象的垄断，通过无须应答的炫示实现了"，新闻、宣传、广告、娱乐表演中，景观成为主导性的生活模式。媒介文化不仅占据了受众日益增长的业余时间，也为他们提供了幻想、梦想、思维模式和身份认同的原材料。媒体已经深刻影响着我们的思想和行为。

景观的泛滥有架空真实世界的嫌疑，在互联网和新媒体不断发展的今天尤为如此。因为大众知觉从读文到读图读像，从电影到直播，从 3D、IMAX 到 VR、AR，景观在商品和资本带动之下，不断地将真实转化为拟像。社交网络的发展使得每个人都能轻松地实现自我传播，人们观赏自己、通过图片塑造自己并期望被观看，这种被观看的心理需求被社交网络无限扩大。人们终于把自己变成了景观。变成景观的不仅仅是人的形象，而是人们的整个生活。我们开始用各种照相工具获取我们生活中的每一个场景，从吃早餐到坐公交、从上厕所到路上的行走。我们的生活由此变成了一幅幅图片和一段段视频，生活本身的意义被消弭了，它被压缩成格式化的图像和影像，生活从而变得扁平。如果我们不用图片去记录、阐释我们的行动，我们的行动似乎就变成无意义了。举个例子，有人说他吃了一顿大餐而没有拍照记录，他会觉得"白吃了"，这顿大餐顿时对他没有了意义。我们的图片和被观看变成了生活的实质。在图片时代，视觉以外的其他感官意义被消解。

"偏爱图像而不信实物，偏爱复制本而忽视原稿，偏爱表现而不顾现实，喜欢表象甚于存在。"在传统媒体时代，由于媒介的覆盖有限，虽然景观社会存在，但景观和真实世界之间还是有一定距离和空间，还可以让一部分人保持对社会结构认识的清醒状态。可在非线性的、圈层的、超链接的网络新媒体传播中，在线性思维被打破后，公共领域和私人领域的一切都存在符号化、景观化的趋势。

# 第五章 新媒体受众

受众指传播活动的对象或受传者。在大众传播过程中的受众即受传者或阅听者，具体可以包括报刊书籍的读者、广播的听众和电视电影的观众等。由于新媒体改变了传统媒体的传播模式，受众不再单纯是信息的接收者，也不再是传播行为的终结者，传统的受众观念也必然发生改变。新媒体的受众主体定位、新媒体与受众的关系、受众细分对新媒体的影响等都是新媒体在技术不断发展过程中所面临的新问题。换言之，新媒体的发展面临的不仅是技术问题，如何在竞争激烈的媒体市场上找准定位、争取受众，对新媒体来说，更是一个关乎生存的问题。

## 第一节 受众与受众特征

### 一、受众与受众观

受众是一个集合概念，最直接的表现为大众传媒的信息接收者。传统的传播理论对受众问题的研究，有以下几种不同的受众观：

第一种受众观是大众社会论，即作为社会群体成员的受众。大众社会论认为受众是"一大群原子结构的、沙粒般的、分散的、无保护的个人，这些个人在大众传媒有计划、有组织的传播活动面前是被动的、缺乏抵抗力的"①。这种观点被称为"魔弹论"或"皮下注射论"。20世纪40年代，拉扎斯菲尔德等通过"伊里调查"进行了IPP指数（即有政治倾向指数）

① 郭庆光. 传播学教程［M］. 北京：中国人民大学出版社，1999：174.

分析并初步提出了"选择性接触假说"。调查显示，受众在接触大众传播信息时并不是不加选择的，而是更愿意选择那些与自己的既有立场、态度接近的内容，回避与自己对立或冲突的内容。这被认为是受众研究的里程碑式调查①。通过此项调查，说明不同身份的受众对媒介信息的选择有着固有的倾向性，即媒介传播过程中并不是处于完全主动的位置。而受众的这种选择性接触与倾向性导致其作为媒介信息接收者在社会中不自觉地分化为不同群体，不过这种分化往往并不被受众本人所知。

第二种受众观是从市场的角度分析受众，由传播学者丹尼斯·麦奎尔提出，他认为"受众可以定义为特定的媒体或信息所指向的、具有特定的社会经济层面的、潜在的消费者的集合体"②。该观点基于大众传媒作为信息的卖方，要使其产品在价值与使用价值间进行转换则必须以商品的形式将信息卖出，而出售的对象是社会大众，即信息的消费群体是具有信息接收能力的受众。麦奎尔的理论是从市场角度出发，把受众看作是市场环境竞争下的产物。这一观点丰富与创新了传播受众理论，并促进社会大众传播受众观的进一步发展，为后来学者研究探索大众传播受众提供了经济学的理论支持。

第三种受众观即作为权利主体的受众。这种观点认为，受众作为参与社会公共事务的公众成员，在大众传播过程中具备传播权、知晓权、媒介接近权等基本权利。传播权是社会成员的基本权利，是受众表达言论自由的一种权利，包括他们利用大众传播媒介来传播信息的权利。知晓权是公民对国家的立法、司法和行政等共同权力机构所拥有的知情权利。媒介接近权是社会成员利用传播媒介阐释主张、发表言论以及开展各种社会和文化活动的权利。③

随着新媒体受众在社会公共事务与传媒事件中发挥的作用越来越大。如今的受众不再是"魔弹"直击的对象，而是媒介事件中能够积极参与和有所作为的传播主体。他们拥有发表言论、评论，传播信息，反馈信息等权利。这促使受众在新媒体中的思想与行为变得更为主动、活跃和富有创造性。

---

① 郭庆光．传播学概论［M］．北京：中国人民大学出版社，2011：119.
② 丹尼斯·麦奎尔．麦奎尔大众传播理论［M］．北京：清华大学出版社，2006：255.
③ 郭庆光．传播学教程［M］．北京：中国人民大学出版社，1999：178－179.

## 二、新媒体受众的群体特征

从 1996 年到现在，网络新媒体受众的主体结构发生了从精英到平民的变化，接受服务的方式也由被动到主动，受众越来越愿意分享、评论，而接受服务的需求从最初新闻信息占主导演变成对娱乐与商业的依赖。尽管有这样一些改变，就总体而言，其特征仍可归纳为以下几点：

### （一）分众化

由于新媒体受众对信息的自主选择权越来越大，能够按照自己的意愿各自选择相关的信息，受众有日益分化的趋势。所谓受众不再是规模宏大的大众，而是分众和小众。实际上，新媒体产业上的每一链条、每一环节都聚集了不同的受众群，在同一个环节的受众群体有着明显的趋同性，而不同链条上的群体之间的差异性则较大。

### （二）个性化

自我表达是人类的天性，由于个人的社会属性的差异，其在表达时也不可避免地表现出各自的相对独立性。在传统大众媒体时期，受众没有条件利用媒体进行个性化表达，成为"沉默的大多数"。但在新媒体时期，受众成为传播主题，能够发布信息，表达自我的存在，能够对信息传播的过程和结果进行干预，这也是现代化传媒赋予信息时代受众的一项独特的权利。传播空间的扩大、传播主体的演变使新媒体受众在信息传播与接收中经常表现出风格迥异的独立态度、观点与认知。

### （三）匿名性

网络身份匿名化是互联网初创时期形成的一种习惯做法。互联网初创时期，人们面对全新的网络虚拟空间首要追求的是信息的自由流通、意见的自由表达。网络用户一般都不使用真实身份，甚至能够使用多个"化身"，在不同领域同时注册多个账号以满足不同的需求。这为人们摆脱现实身份的约束，呈现自我的另一面提供了帮助，也使得网络空间信息的自由流通客观上受到保障。但随着网络虚拟世界同现实世界的距离越来越近，匿名性所导致的个人责任缺失、网络暴力频发等引起社会关注。国家现已推进网络实名制，以图加强网络新媒体的规范性，但这一工作需长期推进，才能见到实效。

## （四）分散性

虽然新媒体受众像传统媒体受众一样，也是遍布社会各阶层，但新媒体受众没有表现出足够的聚合性，也没有表现出传统媒体时期那样明显的阶层性。这主要是由于网络新媒体在内容传播方面的高度个性化，有效地分散了广泛的受众。自媒体的兴起使很多受众埋头在朋友圈，忙碌于微世界，同时网络新媒体提供了个人意见自由表达的更多余地，也使得网络受众有更多的自我空间。

# 第二节　新媒体受众的心理

## 一、认知心理

认识世界进而发展自己、完善自己是人类的一个基本需求，因此认知心理是新媒体受众接触媒介的心理基础。信息是每一个人的生活实践中所不可或缺的，如果只是通过小众的、集体的传播，人们根本无法掌握足够的信息和知识来保障正常的生活、生产。只有掌握了足够的信息，人们才能够面对生活中的一些不稳定因素，及时将自己的行为调整到正确的方向。因此，获取信息、认知世界是新媒体受众心理的一个最基本特征。网络世界给人们提供了取之不尽、用之不竭的信息资源，而这无数的信息之间又形成了千丝万缕的联系，通过网络新媒体，受众能及时、全面地了解这个世界所发生的事情，认知心理在他们身上尤为突出。

## 二、匿名心理

网络技术对受众的实名要求一般是对后台而言的，但在网络传播的前台，受众并不愿意透露自己的真实身份，而常用账号或代号代表自己。受众在新媒体终端前只表现为一个符号化的存在，其匿名的身份特点使人们抛开现实社会的种种禁锢和规范，做自己所期望的角色，且对自己的行为不必负任何的责任。由于匿名提供的保护，受众更加容易抛开心理负担，几乎毫无顾忌地表现出对软性信息的关注，而这些信息往往是传统媒体有意回避的。在一种没有社会约束力的匿名状态下，人可能失去社会责任感和自我控制能力。

## 三、参与心理

人类是害怕孤独的动物，天然地渴望与他人交流、沟通。网络缩短了空间上的距离，甚至可以把地球各处的人们联系到一起。受众的参与心理一方面表现为喜欢利用网络和天南地北的家人、亲属、朋友聊天，通过网络结识更多的朋友，跟陌生人倾诉烦恼、苦闷，却不用担心泄密而遭人嘲笑；另一方面则表现为对公共事件、公共人物发表看法与评论，它是人民当家作主意识的觉醒，依靠网络参与公共生活正说明了受众在心理上是一个休戚与共的整体。

## 四、娱乐/好奇心理

随着现代社会生活节奏加快，人们在日常生活中承受了较之以往更大的心理压力，减压、放松的需求愈发凸显。网络中各种轻松愉快的娱乐、游戏、影视资源、在线点播、各类消息等，从一个链接到另一个链接的背后是无数个新奇事物。受众通过微博、微信、App 等接触外部世界各色各样的新东西，他们的娱乐心理和好奇心理得到了前所未有的满足。这也是为什么一切消解、另类、反常、夸张、颠覆的言行，都有可能在网络中赢得较高的点击率，获得普遍关注的原因。

## 五、移情/代入心理

移情心理是指受众对自己能力无法实现的欲望或不存在的经历，通过对信息内容的角度置换，达到心理的满足。而代入就是指在小说或游戏中读者或玩家想象自己代替了小说或游戏之中的人物而产生的一种身临其境的感觉。这种心理在网络游戏中表现特别突出。

## 六、逃避/宣泄的心理

逃避心理其实是一种心理防御机制，属于消极式的防卫。网络新媒体的受众主体是 35 岁以下的青年人，残酷的社会竞争使他们承受着许多压力，但有时又不得不埋藏自己心底真实的想法。他们选择通过泡在网上以降低受到挫折时的痛苦感，严重的还会在心理失衡的情况下通过网络暴力来宣泄不满。

# 第三节　新媒体受众的集群行为

## 一、网络集群行为

集群行为"是指那些在相对自发的、无组织的和不稳定的情况下，因为某种普遍的影响和鼓舞发生的行为"[①]。在网络上发生的集群行为则称为网络集群行为。

网络集群行为极化现象表现为：公众总是从最为关心和敏感的社会公平角度出发，观点呈简单的"对与错"对立，凸显情绪化，相互争论极为激烈，缺少客观中立的声音。对于舆论事件的讨论与争论，网络上要比现实生活更热烈，经常形成两个极端的观点，彼此泾渭分明，甚至偏离事件本身而进行相互攻击谩骂，形成网络暴力。

### （一）群体属性突出

个体加入感兴趣或者价值观相同的群体时，其作为个体的可辨别性被

---

[①] 戴维·波普诺. 社会学：下册 [M]. 刘云德，王戈，译. 沈阳：辽宁人民出版社，1987.

削弱，导致个体的自我约束力在一定程度上受制于群体意志。社区、微博、微信改变人们接触思想和信息的方式。为了迎合个体的兴趣而对搜索结果、建议等各种网络数据加以过滤，从而防止个体看到这些兴趣之外的数据。个性化和订制化工具的大面积使用存在风险，即它极易产生所谓的"回音室效应"或"协同过滤"。简单来说就是利用某些兴趣相投、有个人偏好的共同经验为用户推荐感兴趣的个人信息，即人们只阅读他们想要阅读的东西，只听他们想要听到的讨论。此外，网络环境的匿名性提供了"去抑制"功能——在群体拟态环境中，个人会表现出非正常的行为倾向，做出在现实生活不敢或者隐忍的举动，例如发表一些有攻击性的言论等。

### （二）非理性化

当某个社会事件发生后，由于信息的不健全和公众对信息的甄别能力有限，群体的情绪会在网络讨论后被强烈刺激与迅速催化，形成有失偏颇的观点。相同的个人观点将会呈现出相互抱团的趋势，尤其是一些情绪化、带有极端倾向的观点会借助网络的快速传播特性，通过暗示、重复等方式不断传播并支配人群，借此不断增强本身，形成更为极端的言论。这时，在群体"共同经验"缺乏的时候，群体成员的理性和自我控制能力降低，从而表现出情绪化的攻击和非理性的冲动。

### （三）强烈的时限性

群体极化可以用网络用语"强势围观"来表示。群体极化现象发生发展快，寿命也短——急速形成后急速消解。伴随着事件的进程，狂热与非理性迅速传播，然后在事件结束后或者被另一重大事件覆盖后迅速消失。可以说，发生群体极化的一方，只对"事件进行中"负责，几乎没有后续讨论或矫正，表现出强烈的时间局限性。

## 二、网络集群行为产生的原因

### （一）群体成员相互感染

所谓"感染"指的是群众性的模仿，也就是说某种情绪或行为在人群中由一个人蔓延到另一个人。群体会夸大自己的感情，往往只被极端感情所打动。不满情绪、剥夺感、集体认同感和团结感对集体行动动力机制的解释是被认同的。

### （二）重整体、重统一的观念

人们普遍有一种求统一、求一致的社会心理倾向。这种社会心理倾向主要表现在言论上，即讲究言论的一致。于是，网友在网络上看到其他人的观点，自己也不自觉地会在言论上与之保持一致，加入到"站队"的行列中。一个人在发表自己观点的时候通常会对舆论环境进行考量。如果自己的观点与多数人一致，人们在主观上会更趋向于表达和分享；但如果自己的观点属于劣势时，出于恐惧被孤立的心理，人们通常会隐藏自己的观点，转向沉默或者依附主流意见。

### （三）网民的素质

互联网日益向低学历、低龄化人群普及。根据最近一次《中国互联网络发展状况》统计报告，网民学历水平结构中，高中及高中以下文化水平的网民占总量的70%，网民文化素质偏低；网民年龄结构中，10~30岁的人数比重高达54%，低龄化趋势明显。庞大的低学历水平及低龄化群体基数无疑为群体极化提供了发酵的温床。由于心理年龄、价值观念的不成熟，群体成员的自律能力相对而言较为低下，被诱导甚至被控制的概率高。

### （四）刻板成见/罗宾汉情结/塔西佗陷阱

长期以来在公众心中积存的社会偏见也是导致网络新媒体集群行为发生的一大原因，"用我们头脑中已有的先入之见去填补剩下的画面"。"罗宾汉情结"极喜欢扶弱抑强，遇事不问是非、只问善恶，不去认真辨析事件本身的是非曲直，而是只诉诸头脑中业已形成"刻板印象"的善恶。"塔西佗陷阱"则发生在当政府不受欢迎的时候，好的政策与坏的政策都会得罪人民；当政府缺乏公信力时，政府的立场连同民间自发拥戴政府的声音都会遭到排斥。

## （五）名人效应

在传播学的研究中，有一类人物被称作"意见领袖"，指的是经常活跃在人际传播网络中并能够通过自己的观点和意见对他人施加影响的人物。例如药家鑫事件发生后，知名音乐人高晓松在新浪微博发文道："朋友问我怎么看药家鑫案？我说即便他活着出来，也会被当街撞死，没死干净也会被补几刀。人类全部的历史告诉我们：有法有天时人民奉公守法，无法无天时人民替天行道。至于有人能一手遮天，那纯属杞人忧天。另外鉴于西安音乐学院学生集体支持药家鑫，今后音乐界将不接受他们，生命都漠视的人会爱音乐吗？"该微博在一天的时间内就被转发 3 万余次，引发评论 1 万多条。高晓松微博中如此鲜明的批判态度，对于本来持药家鑫该被判死刑观点的公众来说是一种肯定与加深，而对于本来认为药家鑫或许罪不至死的公众来说则是一种说服。

## （六）社会现实冲突

网络舆论群体极化现象频发，是社会冲突在网络上的反应。在社会资源分配不公的环境下，贫富差距悬殊导致社会逐渐分化成利益矛盾对立的阶层，社会冲突日益加深。利益受损甚至生存空间被压迫，使得普通阶层或者弱势群体对社会公平格外敏感。而恰恰又是这批群体，是网络参与者的主力军，这就使他们不可避免地将现实情绪带入网络。一旦现实或者网络中发生关乎社会公平的事件，网民的负面情绪立即会被刺激，极有可能催发群体极化现象。

# 三、防止网络集群行为产生的对策

网络集群行为极化现象无论是对网民个体还是对国家社会，都有不小的危害，我们要把潜在的风险尽可能地消灭在出现之前。

## （一）提高受众信息的辨别度

使用从网络上获得的信息时，要看标题和正文靠前位置有没有说明信息来源。由于新媒体的信息浪潮形成于各种渠道，来自社会方方面面，并没有经过统一的筛选和过滤，庞杂多端，真假参半。垃圾信息、虚假信息、欺骗信息层出不穷，这就需要网络受众具备基本的辨别和判断能力，对所接受到的信息进行大体的判断。

## （二）提高受众独立思考的能力

新媒体强调以受众为中心，在传播过程中，想方设法吸引受众眼球，导致传播出现了过度感性化与情绪化倾向，如"标题党""炒作""低俗化"等现象。这种乱象首先当然是新媒体传播者方面的责任，但也与受众独立思考能力的不足、容易受信息影响有密切关系。如果受众在生活中个人独立思考能力强，对事物有自己主见，那么在网络新媒体中盲从偏信、人云亦云、以讹传讹的现象一定会大为减少。

## （三）提高受众的批判能力

网络新媒体时代，一方面传统媒体的权威被消解，各种自媒体和个人发布层出不穷；另一方面是受众面对信息浪潮，不知道哪些是好的，哪些是真的，受众面对信息过载，要不就盲从盲信，要不就无所适从。对于各类新媒体平台上不真实或意见偏颇的链接，"一刻也不能丧失判断能力"，更不能把维基类网站作为消息来源或新闻背景。

## （四）控制负气回帖的冲动

在网络新媒体上传播信息、表达意见时随时随地提醒自己要遵守社会规范。

即便是在匿名的状态下，普通网民也应当意识到自己在网上的言论是会产生后果的，只图一时痛快的情绪宣泄，无助于问题的解决，也无法使网络空间变得更好。负气回帖甚至漫骂式表达，都会恶化传播气氛，损坏传播质量，导致网络空间的环境污染，最终损害每一位网民的自身权益。

理性表达既是每一位网民成熟的基本标志，也是一个网络社会成熟的体现。对于建设"网络强国"的宏伟目标而言，更加重要而急迫。

# 第四节 "粉丝"现象

## 一、"粉丝"溯源

"粉丝"是典型的网络语言,来源于英文 fans 的谐音,指狂热的大众文化爱好者和偶像崇拜者。从广义上讲,"粉丝"是指一部分对特定话题有较大兴趣的人;从狭义上讲,"粉丝"指对某些话题有很浓厚的兴趣且有深入了解的人;从根本上讲,"粉丝"是受众的一部分。"粉丝"的特别之处主要在于:一方面他们主动寻求与自己爱好相同或相近的信息,他们行为的目的性更强,即"选择性接收"的动机更为强烈;另一方面他们会积极地将自己获得的信息传播给他人,从而很容易成为信息的传播者。①

实际上,"粉丝"群体在大众传播初期就已经开始出现,但由于当时传播技术、传播手段等条件的限制,"粉丝"并没有形成一定的气候。"粉丝"最初被称为"追星族",在通信技术不发达的时代,人们的偶像往往是政府树立的榜样,如政治家、军事家、学者、艺术家等,"向雷锋同志学习"长年不衰,就是一个例证。"粉丝"行为往往伴生"光环效应","光环效应"是指人们在疯狂追逐之时只看到明星光彩的一面而易忽略其背后的"阴影",把其看作是近乎完美的天使象征。从社会文化的角度看,人们对追星的狂热无非是将自己在现实中被压抑的欲望、梦想等转移到各行各业的公众人物身上,通过崇拜行为使内心获得一定的补偿或自我认同。

## 二、新媒体"粉丝"

网络新媒体的高速发展为"粉丝文化"提供了更加良好的条件。海量

---

① 黄海靓,罗安元. 网络"粉丝"文化社区传播机制初探［J］. 重庆教育学院学报,2007,20（1）：80-82.

信息极大地丰富了"粉丝"获知信息的渠道，信息的双向沟通也使得"粉丝"变得更加活跃。网络新媒体时代的"粉丝文化"具有自己的独特之处：一方面，每个人都可以成为别人眼中的"名人"，发出自己的声音，草根一夜走红已是网络上的常态。尤其在论坛、微博、微信平台上，"粉丝文化"具有平民化的显著特点。另一方面，各种新媒体也推波助澜，将"粉丝文化"同宣传推广、市场营销联系起来，成为媒体运作的有效方式。如一些大型的栏目、频道以及企事业单位等以整体形式成为某一策划、节目、产品的"粉丝"，并在此基础上进行模仿和创新出自己的产品，通过"造星"来获取自身利益，为整体赢得更多认可和"粉丝"关注。传统媒体与新媒体的融合共同打造新的"粉丝热点"，产生了独特的"粉丝经济"。微博上，不同的博主们的"粉丝"也各不相同。粉李开复和周鸿祎的，一般是 IT 圈里的；粉鹿晗、谢娜的一般是爱看娱乐节目的年轻人；粉韩寒的据说女性和文艺青年较多；粉方舟子的多为科学爱好者。

## 三、"粉丝"的商业性与反商业性

在传统媒体时代，社会文化学者对包括追星行为在内的大众文化，作过深入研究。如社会学界的法兰克福学派曾以批判式的眼光解读大众文化，那是一种自上而下的精英式解读，"粉丝"处于一种被动的、被误导的、被伤害的相对弱势位置，而偶像们则通过自己重复的、空洞的行为诱导消费。而文化学者约翰·费斯克（John Fiske）则更倾向于一种自下而上的解读方式，"粉丝"主动参与并从中感受到参与快感，偶像们则处于一种开放式的生产自己、消费大众的位置。新媒体时代"粉丝文化"的本质更倾向于后者。人们对偶像崇拜的参与不再是一种被动接受，而是主动积极地通过互动寻求乐趣，"粉丝"有极大的自主权，新媒体社会就是一个"粉丝造星"的时代，也是一个全民娱乐的时代。

这种主动的参与创造了可观的经济效益。"粉丝"不仅仅在精神上对其喜爱的偶像人物进行支持，往往还伴随着相当的消费行为。"粉丝"狂热的追逐已经形成庞大"粉丝产业"，各传媒机构纷纷利用"粉丝"的影响力，探索"粉丝"心理与兴趣，并对"粉丝文化"进行营销，追逐巨大的经济效益，商业性显露无遗。但"粉丝"群体本身又是反商业性的，为什么这样说呢？对于偶像有情感才会主动关注，并成为偶像的"粉丝"，但商业的本质则是利益而不是情感，所以说"粉丝"本质上是反商业性的。如果想要寻找"粉丝"的根源那首先可以观察产品的三个层次。这三个层次分别依赖于理性、审美与情感。第一层次产品以特定功能解决人们的特定需要为切入点，产品即是工具，手机、打印机、复印机、Word 等。在这个层次上评价产品好坏依赖的是理性，理性会告诉我们该产品到底满不满足我们的需求。大多数产品是这个层次的。第二层次产品则在功能之外加入了审美这样的附加值，审美是要花钱的，并且是在看似没有实用性的地方花钱，奢侈品应该一直是这种思路。第三层次的产品则在功能和审美之外，还加注入了情感的元素，所以审美做到极致必然会衍生出情感依赖，情感无疑不只起源于审美，其来源是极为复杂的。当产品本身被注入情感之后，那就可能因此而产生与用户的共鸣。"粉丝"的反商业性告诉大家，喜欢一个人或事物往往是基于情感方面的，甚至是不理性的、无条件的喜欢或是爱。"粉丝"的核心在于情感，"粉丝经济"的运行要从情感上去征服用户，各种能够从情感、思想方面打动用户的努力都可以尝试。

# 第六章　新媒体文化

"文化"是中国语言系统中自古就有的词汇，最初出现在《论语》《说文解字》中是作为单字——"文"或"化"单独使用的。将这两字连在一句话中见于《周易·贲卦·象辞》："刚柔交错，天文也；文明以止，人文也。观乎天文以察时变；观乎人文以化成天下。"西汉以后，"文"与"化"逐渐合成一个词，本义为"以文教化"，表示对人性情的陶冶和品德的教养。

文化是复杂的整体，它包括知识、信仰、艺术、道德、法律、风俗，以及其他作为社会一分子所习得的任何才能与习惯，是人类为使自己适应环境和改善生活方式的努力的总成绩。这一来自人类学鼻祖爱德华·泰勒的说法被奉为文化的经典定义。

伴随着网络技术的不断成熟，媒体形态也在不断发展与更新。新媒体技术作为当前文化产业快速发展的有效支撑，它是以载体形式给文化产业的发展提供了新的发展平台，催生了文化产业的重要部分及新兴业态，促进了公共文化服务圈的更新换代。新媒体时代的到来，给解决文化民生有效供给的问题带来了新的路径与机遇。

## 第一节　新媒体时代世界主要文化思潮

印刷媒介加剧了工业化的发展，电子媒介也加剧了资本主义的进程，以互联网为标志的新媒介对文化帝国主义和后现代后殖民主义的进程起了推动作用。新媒体时代世界主要文化思潮有两大代表，即文化帝国主义和后现代后殖民主义，它们借助新媒体的力量而广为人知。

## 一、依靠新媒体的文化帝国主义

文化帝国主义（Cultural Imperialism）最初是指在许多殖民地国家获得民族独立的背景下，帝国主义的扩张战略由以军事手段和直接的殖民统治为主，转向以经济和文化控制为主。先进的科学技术和发达的国民教育是他们的利器，企图将这种一国的文化优势变成世界性的文化优势是他们的目标，文化帝国主义是现代帝国主义总过程的一部分。学者 H. I. 席勒（Herbert Schiller）在他 1976 年出版的《传播与文化控制》一书中强调，美国所有的传播方式，从电视节目到媒体科技，甚至教育类方案都是文化帝国主义的体现。而另一位学者迈耶（Meyer）则从新闻流动的角度考察了文化帝国主义现象，他的量化研究发现，若干非洲与拉丁美洲国家的日报对国际时事的报道大量信赖西方的通信机构所提供的新闻作为消息来源。信息与进行信息传播的能力是一个国家或集团的无形资源，表面上媒体的信息生产是公开的，但其背后的控制者是隐藏的。信息产品的文化含量高，通过信息产品的传播来实现文化的扩张是非常便捷的。

随着网络与新媒体的普及，西方帝国主义国家对他国的文化侵略在广度和深度上有所扩张和延伸，尤其是智能手机、平板电脑和其他电子设备的风行更加大了文化入侵的风险。截至 2017 年，全球前五名互联网公司全部位于美国，分别是苹果、谷哥、微软、Facebook、亚马逊（Amazon），[①]但是它们绝大多数的在线访问者在美国之外的地区。《数字帝国主义：互联网时代的文化入侵》一文的作者瓦舍克（Bill Wasik）曾提到 2015 年泰国流行起了一阵"胸部自拍"（Underboob Selfie）风潮，泰国本地和外来的女子纷纷在网上发布这种自拍照。泰国文化部因此发布了一份不同寻常的声明，警告分享类似照片的行为触犯了该国 2007 年生效的《计算机犯罪法案》（Computer Crime Act of 2007），违法者可能面临五年监狱徒刑。"胸部自拍"代表了一种截然不同的文化入侵形式。文化帝国主义或许可

---

① 最新的全球十大互联网公司是哪十个？[EB/OL]. http://www. sohu. com/a/190583382_99918399.

以称为数字帝国主义，因为其价值观的传播是凭借当地人能够使用的网络社交工具进行的。

　　文化帝国主义的最大威胁主要表现在对异质文化的认同上。通过网络大量输出电影、动画、游戏等影像，润物无声似地影响人们的价值观与意识形态，美国的"自由、民主"和个人英雄主义在各类网络文化产品中体现得十分明显。而中国网络与新媒体的主要使用者是青年人，而青年群体正是最容易认同异质文化的特殊群体，他们好奇心强、求知欲旺、全球参与意识强烈；但他们的世界观、人生观、价值观尚未完全形成，思想比较容易发生动摇。所以对网络带来的种种西方文化，我们应该有清醒的意识和认识，反对霸权主义，抵制文化帝国主义的侵略。

## 二、新媒体的全球化与后现代思潮的蔓延

　　文化帝国主义发展到一定阶段转变成了文化的全球化，这种后现代现象呈现了当代文化的最终选择，卡林内斯库指出："恶魔现代性已寿终正寝，它的葬礼乃狂野欢庆的时刻。""后"在极短时间里成为人们喜爱的词。后现代思潮在美国发展得如火如荼，对于资本主义发展的问题，从内部因素来看，它对全球造成了不可忽视的冲击力；同时它也为中国学者进入后现代建造了一个方便有效的平台。"后"一般是通俗文化的象征，由于被烙上了国际文化形式的因素，它被认为是对新殖民主义或文化帝国主义的不屑，更为贴切地说，它是对新殖民主义或文化帝国主义的盲目跟风。国际化和商品化是后现代文化重要的特征。在新媒体强大的推力下，文化工业以一种更加大众化的方式进行批量生产和机械复制，最终成为政策保护和激励的对象。

# 第二节　新媒体与跨文化传播

## 一、跨文化传播的含义

　　跨文化传播既是处于不同文化背景的社会成员之间的人际交往与信息

传播活动，也涉及各种文化要素在全球社会中的迁移、扩散、变动过程，及其对不同群体、文化、国家乃至人类共同体的影响。它关系到两个层次的传播：第一，日常生活层面的跨文化传播，主要指来自不同文化背景的社会成员在日常交往互动中的融合、矛盾、冲突与解决方式；第二，人类文化交往层面的跨文化传播，主要指基于文化系统的差异，不同文化之间进行交往与互动的过程和影响，以及由跨越文化的传播过程所决定的文化融合、发展与变迁。

跨文化传播离不开相应媒介的支撑。在传统媒体时代跨文化传播多通过面对面的交流或纸质媒介、广播、电视等大众媒介来完成。但是随着网络媒体不断发展，越来越多的跨文化传播也进入了网络传播渠道，例如网络新闻网站、网络社交媒体、全球范围内的网络视频等。

## 二、新媒体与跨文化传播

网络新媒体为跨文化传播在传播主体、传播渠道以及传播内容的多样性和便捷性方面提供了前所未有的便利。

第一，跨文化传播是在网络创造的虚拟现实中进行，传播空间扩大，时效更高，互动更强，近乎无缝传播。

第二，文化的变迁或变异更加明显：包括渐变和突变、进化和退化、整合等多种形态。

第三，将原来个别属于区域文化的资源转变为全人类共有的资源，资源共享被最大限度利用。

第四，相对于生活中文化的强弱势差异，网络中的沟通更强调"求同存异，平等对话"。

第五，网络作为先进的技术资源，在传播中发达国家可能比发展中国家有更多的话语权和倾销文化的机会。

网络新媒体在跨文化传播中可发挥作用的渠道远不止新闻网站，它可以提供诸如视屏网站、社交网站、聊天室、电子商务等多种沟通渠道。在跨文化传播过程中我们要善于挖掘网络新媒体的巨大潜力，将跨文化传播能力最大化。

　　跨文化传播很长一段时间只停留在官方层面，但网络除了大众传播的功能之外还有强大的人际传播功能，这点在社交媒体时代已经被无数次印证。一条引起大家关注的信息在社交工具上可以达到惊人的传播速度和传播量，这是传统媒体无法企及的。因此，如果有一种可以突破国家界限的全球化社交媒体为我们所用，那么中国的跨文化传播就又获得了一条高效的途径。

　　全球文化传播领域一直以来都存在着一种西强东弱的态势。英语文化势力借助互联网的力量传播着西方国家的价值观念、意识形态和思维方式，不断地对非西方国家进行着文化输出。因此在面对西方国家强势的文化攻击时，我们应时刻保持警惕的态度，对于其中先进的传播理念和传播技术应该用开放态度进行学习，对于低俗的文化和消极的思想要主动摒除和抵制，力争在国际环境中保持中国跨文化传播的话语权。

# 第三节　新媒体与大众文化

## 一、大众文化的概念辨析

　　关于大众文化（Popular Culture 或 Mass Culture）的界定，西方学者曾经列出了至少六种不同定义。

　　第一，大众文化是为人们所广泛喜欢的文化。这个定义强调受众在数量上的绝对优势，但没有考虑价值判断。

　　第二，大众文化是在确定了高雅文化之后剩余的文化。这是注重它与高雅文化的明显区别，但忽略了两者之间的复杂关系。

　　第三，大众文化是具有商业文化色彩的、以缺乏辨别力的消费者大众为对象的群众文化。这里主要从批判和否定意义上理解大众文化，无视它可能的积极意义。

　　第四，大众文化是人民为人民的文化（Culture of the People for the People）。这里强调大众文化是人民自己创造的，但未能指出这种创造所受到的文化语境的深层制约。

第五，大众文化是社会中从属群体的抵抗力与统治群体的整合力之间相互斗争的场所。这个定义不是把大众文化理解为一种文化实体，而是理解为不同群体之间的"霸权"斗争战场，但与斗争相对的协调方面基本忽略了。

第六，大众文化是后现代意义上的消融了高雅文化和大众文化（High and Popular Culture）之间界限的文化。这里突出了近来大众文化与高雅文化间的融会或互渗趋势，但有可能因此忽略其差异性。

将这些概念一一辨析后，我们大致能得出大众文化的轮廓：大众文化是一个特定范畴，它主要是指兴起于当代都市的，与当代大工业密切相关的，以全球化的现代传媒（特别是电子传媒）为介质大批量生产与消费的，采取时尚化运作方式的当代文化。大众文化是以大众传播媒介为手段，按照市场规律运作，旨在使普通市民获得日常感性愉悦的体验过程，它包括通俗诗、通俗报刊、畅销书、流行音乐、电视剧、电影和广告等。

## 二、大众文化的特征

### （一）商业性

每一种大众文化都是一种特定的商品，都要拿到市场上去进行交易以取得最大的经济效益。商品属性已凌驾于大众文化一切之上，成为最为本质的属性之一。大众文化作为文化所应具备的精神价值、情感价值也日益被商业利润所渗透、侵蚀，成了伪精神与伪情感。与文化产品的审美属性相比，大众文化只承认效益，以市场上的叫卖声为指示。

### （二）感官愉悦性

为迎合消费者，当代大众文化以寻求大众感官快适的直接性为原则，以其欲望化的叙事法则，对大众的感官进行着刺激和按摩，满足其生理层面的需求，诸如暴力、煽情、拳头、枕头、无厘头……是一种自然需求而非精神需求。

## （三）复制性

一件好的作品受到大众的关注，人们对它的需求暗含巨大经济利益，使得生产完全可以放弃由唯一性带来的艺术价值，反而以大批量的生产将其兑换为交换价值。它的生产是通过标准化的流水线大规模地复制出来的，这就形成了当代大众文化外在风貌的机械、单调、统一。

# 三、新媒体与大众文化

在新媒体强大的推力下，大众文化得到快速发展，它以一种未曾出现的形式重视大众当下的现实生活与真实生活，它的世俗性、草根性与娱乐化在不断弥漫，国家意识形态、精英文化的话语霸权地位不断地被它冲击，教化文化对它的阻碍也在变小。与此同时，它还对文化"把关人"的特权造成了一定的削弱，媒介资源和话语权的分布较以前也更加公平公正；这个新平台为普通大众的表达欲及明星梦都创造了有利的条件，增加了可能性。

## （一）网络大众文化对主流文化的颠覆更加彻底

《一个馒头引发的血案》是中国大陆自由职业者胡戈创作的一部网络短片，其内容重新剪辑了电影《无极》和中国中央电视台《中国法治报道》栏目，对白经过重新改编，时长只有 20 分钟，其无厘头的对白、滑稽的视频片段分接、搞笑另类的穿插广告，开创了中国影像化影评的先河。在网络上，《一个馒头引发的血案》的下载率甚至远远高于《无极》本身。此外，各式各样网络小说的兴起和流行，表明底层、边缘群体传达自身诉求的迫切性，网民在文化立场上趋向于对民间文化的认同，文化缺口掌控在真正大众手中。

## （二）网络大众文化的"粗口秀"（Vulgarity Show）表达方式

网语表达句式简短、口语化，有时甚至出现粗话、俚语，最贴近大众说话习惯，表达出大众语言的亲和力。此外，私人性表达的公众性传播，使日常生活中的世俗性事件占据了新媒体传播中主要话题的位置，世俗性的文化主题是文化大众化的基本内容。

### （三）网络大众文化是"读图时代""视频时代"的消费文化

图形和视频直观、刺激、快捷、简单，"快手""秒拍""小咖秀"等移动端口短视频的流行都再一次印证网络大众文化的接受趋向快餐化。

### （四）网络大众文化能透视网络技术的影响力

弹幕指能直接显现在视频上的评论，是观看视频的人发送的简短评论，以滚动、停留片刻甚至动作特效方式出现在视频上。一些质量不高的电影，如果一个人看也许根本就不想看完，但如果在弹幕网站上观看，网友们机智的评论让看电影的过程充满了乐趣。

## 第四节　新媒体与亚文化

### 一、网络亚文化

"亚"这个词常常带有"次要"或者"附属"的意味，"亚文化"一词是从英文 Subculture 翻译过来。根据《韦伯斯特百科词典百科版》（*Websterl's Dictionary of the English Langage Unabridge Encycopedic Edition*）的解释，它包括两个相连的定义，一为"社会中某一族群所特有的文化观念和行为方式"；二为"在社会、经济和伦理等方面具有独特特征的族群"。亚文化这个词本身只是一个标签，并不带有或褒或贬的含义。此外，它是一个相对概念，相对于总体文化而言。

新媒体与亚文化的联系主要体现在网络亚文化上，它是一种有别于网络主流文化，体现着独特的审美观和价值观的网络流行文化，具有极强的渗透力和影响力。它对未成年人的思想意识、行为方式有着极为深刻的影响。这些影响既有积极的，也有消极的。因此，我们要充分发挥网络亚文化的积极影响，而对网络亚文化产生的消极影响应采取相应的对策来解决。其中比较典型的类型有网络恶搞亚文化、网络游戏亚文化、网络黑客亚文化、网络流行语等。

## 二、网络亚文化的特点

### （一）边缘性

网络新媒体的受众主体是青少年，网络恶搞、网络流行语、网络游戏等充满诱惑力的网络活动，是青少年上网的主要活动。这些弱势的、次要的网络亚文化恰恰成了处于心理迷茫期的青少年最喜欢的文化形式。

### （二）时尚性

网络的出现彻底颠覆了人类千百年的生活、工作、交流传统，延伸了人类活动的现有空间。网络所具有的跨区域性、互动性、及时性等特点，使对时尚有着本能的敏感、先天的爱好与急切追求的年轻人，成为时尚文化名副其实的创造者，推动着网络亚文化不断发展。

### （三）颠覆性

人有自我表达、颠覆权威的欲望，但是这种反抗性在现实中常常得不到发泄。网络匿名交流恰好为网友的自我宣泄与反抗提供了便捷的渠道。网络亚文化代表的是处于边缘地位群体的利益，他们常常否定或者不追随主流文化，对网络主流文化价值规范往往嗤之以鼻、不屑一顾，具有强烈的反主流文化倾向。

### （四）批判性

网络受众多充满活力、思维活跃，不愿墨守成规，总是以置疑的眼光看待传统和现代社会，特别是对一些事件往往有不同寻常的看法，具有很强的批判性。这主要体现在通过网络关注现实，对社会舆论造成影响等方面。

## 三、网络恶搞亚文化

所有关于"恶搞"的解释都会提到"Kuso"一词，"Kuso"是日语"くそ"的音译，日语意义为"粪""屎""可恶""糟糕""很烂"的意思。"Kuso"最初风行于 20 世纪 80 年代末、90 年代初日本电玩界，被玩家用来表达对那些烂游戏的不满情绪。"Kuso"精神随着日本游戏传入中国台湾，并逐渐向"搞怪""恶搞"等当地词汇靠拢。互联网丰富的信息资源和无限的开放性为恶搞的生存与发展提供了土壤。

中国大陆的网络恶搞鼻祖是《大史记》系列，由当时在北京电视台工作的卢小宝主创，2002 年初红遍网络。进入 Flash 时代的恶搞代表作是歌手雪村的《东北人都是活雷锋》。然后 Photoshop 时代到来了，其经典恶搞之作起源于一个网络红人无敌小胖的诞生，初中生钱志君一个无意的回头动作被好事者拍下来并传送到了网络上，网友们用 Photoshop 将其制作成各个版本的海报。"无敌小胖"系列真正开启了网友的有意识恶搞时代。网络宽带解决了速度问题后，影音文件的传送变得极为方便，直到胡戈的《一个馒头引发的血案》《春运帝国》出现，网络迎来了它的视频恶搞时代。而 2010 年后移动网络的普及几近让恶搞短视频遍地开花。

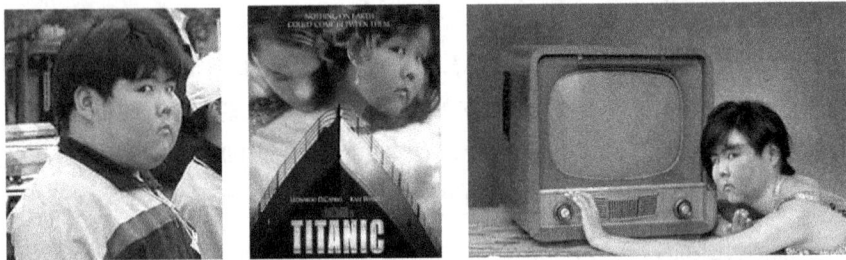

在当前中国互联网络的语境里，恶搞融合了本土的无厘头精神，主要运用了戏仿、夸张、神化、矮化、反讽等手法实现对传统的解构和颠覆。比如戏仿，戏仿文本不仅不是局部地"再现"源文，而是对源文的对反、异化和戏谑，由此产生滑稽、幽默、讽刺的效果。被恶搞成"梨花教"教母的诗人赵丽华的诗作格式，被网友大肆模仿，极尽讽刺；舞蹈"千手观音"成名之后其造型被无数网友戏仿；叶圣陶名作《多收了三五斗》的文字被恶搞成多个版本，其中包括描述严峻就业形势的"大学生毕业版"。比如夸张，芙蓉姐姐通过各种匪夷所思的造型来展示其所谓的"S"体形。比如神化与矮化，神化即将一些极端平庸、丑恶、变态的行为、事物、人物奉为崇拜的对象；矮化，如长相平平、极度自恋的凤姐。再比如反讽，视频《潘冬子参赛记》讽刺了选秀黑幕。

网络恶搞亚文化以大话的方式瓦解经典文化、互相逗趣，对经典文化母本进行形式篡改和主题偷换，以戏谑性模仿的方式瓦解母本的意义。它有娱乐和讽刺两大维度。前者类似于恶作剧，有一个先在的客观对象，出于好玩的目的，通过改编，引人发笑，其特征是从文本出发。后者事先有一个主题，再去找素材，偏重于作者的内在批判，其典型特征是从观念出发，将讽刺性的修辞手法纳入社会公共生活之中。普通民众通过恶搞来参与公共生活。

# 第五节　网络视频

英国的贝尔德提出"图像示意"的表述结构，他认为"荧屏化""全息化""超真实化"是真实的生活的主要表现。人们的各种官能细胞被充分地运转起来，以"娱乐至上"为导向的精神需求得到很好的满足。在使用互联网来建构媒介图谱的过程中，网络视频、电视屏幕等影像式样越来越受到人们的关注。网络视频正迅速地进入人们的日常生活中，并以主流化的传播趋势快速发展。当代社会的主流表达是互联网视频，并建构了两种受众心理机制，分别是"使用视频"和"需求满足"，对视频主流化的表达空间进行了多角度的考察。

## 一、网络视频的定义及类型

网络视频是一种视频内容和视频资源，它的主要支撑点是新媒体技术。它通过动态的形式将信息传达给大众，集多种媒介内容于一身，比如视频、音频、文字以及图片等，是对传统媒体的多方面延伸和更高层次的发展。

在当代社会，视频分享、视频直播和视频搜索等是网络视频的主要类型。视频分享在给用户提供服务时，更加重视他们的个人体验，提供给他们足够的空间和自由，尽量不给他们太多约束。以土豆网、优酷、酷6、乐视、爱奇艺为例，它们都是一种播客平台，在为用户提供服务时，也对用户上传和分享视频给予一定的支持。视频直播的产生得益于互联网和电视的发展，它通过互联网技术把电视内容传达给用户，使得用户即使不在电视机旁边，也能够同步接收电视事件直播，CNTV、PPTV 和腾讯视频等都是具有代表性的视频直播。实际上视频搜索是利用搜索技术对视频节目进行全新的分类和综合，促使用户观看视频的巨大动力源于搜索引擎，用户可以利用搜索的方式得到自己想要的视频，这种方式既省时又方便、快捷，使用户的个人网络体验得到最大程度上的满足。比如，百度视频搜索就是使搜索引擎的功能得到最大化，满足用户的需求，为用户提供丰富的视频资源。

## 二、网络视频的发展历程

YouTube 作为美国的视频分享网络，也是全球第一个视频网站，它的产生打开了网络视频发展的新时代之门。作为网友分享自拍影片的影音平台，它的主要功能是共享和搜索各种各样的视频短片，视频种类繁多，比如电视节目、电视剧、电影、音乐录像带及家庭自拍等。YouTube 诞生的最初目的仅仅是为了使自拍录像得以分享，但出乎意料的是，它的分享功能得到了大众的喜爱，并获得了每天上百万用户浏览的佳绩。2005 年，土豆网和 56 网相继产生，进一步推动了我国网络视频的发展。

草根力量在网络视频发展的进程中发挥了不可忽视的作用。2006 年，在网络上出现了草根自制视频，它的传播吸引了大众的关注，紧接着网络视频开始了井喷现象并在社会上得到迅速发展。胡戈的《一个馒头引发的血案》更是把网络自制视频推向了高峰，使网络视频成为舆论的漩涡。微博在 2010 年得到迅速发展，以"碎片之链"为特点的微型社会被建构。"微内容"的"超力量"在此得到完美的体现。"微视频""微电影"也借助它的力量得到更好的发展，而这些简短且完整的小视频和微电影适合通过运用体平台进行播放，通常这些运用体平台包括了像 4G 手机和电视等拥有视频功能的电子产品。在经历了 5 年的发展之后，品牌化被各大视频网站重新提上议程，目的是为了得到长期的发展，而视频网站的上市，是网络视频行业走向稳定发展道路的重要指标。

## 三、网络视频的特征

### （一）娱乐引导方向

通常来说，满足人们娱乐需求的最好方式是以音像视频的形式输出的网络视频，这也是当今社会的主流趋势，已经成为人类群体之间以及人与社会之间的重要载体和沟通桥梁，搭建了集娱乐和休闲交流一体化的网络场所。相比书写文化而言，网络视频借由图像和影像的途径更能够让大众享受到娱乐的极致，充分激发大众对生活的乐趣以及对人生的向往。美国学者丹尼尔·贝尔（Daniel Bell）曾经断言："娱乐已经成为当今社会不可缺少的一剂调味品，当代文化早已脱离印刷文化的范畴，逐渐向视觉文化转变，这是不可否认的事实。"显然，娱乐消遣方式得到一次又一次的革新，不管在语言形式、技巧方面，还是在语义阐释、表达方面，"视频语言"输出都比以往的各种形式表达得更为直接。

### （二）全息表达

网络视频的"全息化"是借用了医疗生物领域内的全息影像方法让大众的各种感官系统产生混乱，主要是在视频内容方面根据现实情况的事件用虚拟影像的投影反射技术进行"超真"的复现，使得现实与幻境在"高参与度"中高度融合。网络视频影像通过建构一种"拟态环境"（Pseudo-Environment）来加强大众群体的认可度，拟态环境并不是字面上对现实环境下的虚拟呈现，而是借助传播媒介通过一系列的信息分拣和加工、重组结构化，向人们提供所必需的生活环境。拟态环境结合了真实和虚拟相互融合和相互复写、交叉的形式，真实与虚拟结合的文化已经成了现今网络视频的主流写照。如今，网民可以通过对网络视频的任意点播参与群体互动环节，这在一定程度上消除了电视媒体单一的映射结构体系，这也是网络视频文化的一个创新点，说明在某些方面已经超越了电视文化的地位。然而，网络视频"全息化"所展现出来的一个不可替代的特点是它通过某种途径间接麻痹了人类的感官系统，使得人们的感官系统处于虚幻境态而不受理性思维的束缚。

### （三）DIY 阐述

随着现代网络科技的腾飞发展，Web 2.0 时代为多媒体提供了足够的技术支撑，同时也为网络 DIY 视频做好了基石。DIY（Do It Yourself）原意指自己动手完成，网络 DIY 视频指的就是在没有抄袭别人的情况下创作的独一无二的原创视频，它的特点在于人人都可以将自己的灵感和想法通过运用某种技术，制作、传播然后和他人分享，并获得一定的互动，这整个环节中表明了任何普通人都有这种潜在的力量。

2006 年 10 月 6 日，《华尔街日报》第一时间就报道了一个轰动整个 IT 行业的爆炸新闻："美国的网络视频 YouTube 极有可能会被 Google 并购，交易金额高达 165 亿美元左右。"据调查数据统计，网络 DIY 视频内容大多数都比较单一而且规模小，部分打着"原创"的口号"挂羊头卖狗肉"，在某种程度上衬托出了山寨版的影子。如果只是一味模仿，这只会对原创带来一定的抹黑。目前市面上很多网络 DIY 视频都是为了生存而不择手段，追求平面思维下的快餐式文化，这无疑是饮鸩止渴。

## 四、网络视频的未来走向

### （一）营销手段

如今在媒体意识不断得到提升的前提下，想要打造出企业的良好口碑和个人自我品牌，最重要的途径就是通过网络视频加大宣传力度。不管是对企业还是对个人，网络视频都能够凸显良好的竞争优势。对企业而言，广告宣传无疑是提升品牌价值独特的不二法门，而网络视频广告具有性价比高、表现形式丰富、自我定位精准且广受大众好评等特点；对个人来说，网络 DIY 视频也是一种自我营销的有效手段，自我营销的目的在于把自己的优势宣扬出去，并扬长避短。

## （二）分众传播

1985 年出版的《分众的诞生》一书首次提及"分众"一词，书中认为：以"划一性"为前提条件的大众社会正在演变成多个分支、差异化的小群体，这种现象像是被分割的大众，因而分众一词由此诞生。文然和安姗姗在《当代电视》社会视域的媒介现象分析中提到：分众是大众的再次分解，也是个体的二次集合。随着网络视频在社会流传的广度的逐渐延展，只有通过分解整体的传播内容才能达到"1 + 1 > 2"的效果。

## （三）付费体验

企业通过网络视频进行宣传的同时必须为此支付一定的费用，而网络这一平台所得到的这些广告费来源渠道也非常广泛，例如在视频制作过程为企业打视频广告和做字幕广告等，这样不仅可以让观众印象深刻，而且还可以激发大众主动消费。但是就目前互联网的盈利模式而言，主要还是以收广告费为主，内容收费也是近年来开始流行的一种趋势，或许将来有可能成为网络视频盈利的一种主流态势。其中，内容收费是指有些视频必须得让用户在支付一定费用的情况下才能够继续获取新鲜资讯，并通过销售自己门户的内容来挣取利润，比如引进的国外科幻大片或者直播某些国际娱乐歌星的演唱会，这时会收取一定的观看费用。在某种程度而言，付费视频更有利于提升互联网管理的质量，营造和谐多元的干净网络世界。当然以上所列举的并不能代表网络视频的未来趋势走向，它还需要借助媒介融合的力量才能得到更好的发展，比如说未来网络视频和手机媒体的结合，这样消费者才会真正认可网络视频的重要性。

总而言之，网络视频主要是让大众群体自主上传视频文件，以互动交流和资源共享为主要目的，通过"碎片化"展示的网络视频在一定程度上满足了大众群体的审美眼光和心理感受，从而进入"后娱乐时代"的时尚之门。

# 第六节　网络大电影

## 一、网络大电影及其特点

网络大电影即网络原生电影。爱奇艺给出的概念为"时长不低于 60 分钟，制作水准精良，具备完整的电影结构与容量，符合国家相关政策法规，以互联网为首发平台的电影"①。官方的提法则简单一些："采用与电影相同方式进行拍摄和制作，专门用于网络传播的电影。"②

标榜为世界首部网络大电影的是 2000 年诞生于中国台湾的《175 度色盲》。网络大电影经历了以下几个发展阶段：2011—2014 年为萌芽期，其雏形表现为微电影，带有很强的玩票性质。2014—2015 年为成长期，影片投资大多在十万到几十万元。2015—2016 年为裂变期，《山炮进城》《道士出山》在多个网络平台上的总播放量分别达到了 25 719 万、19 585 万③。导致这个裂变的原因是网生内容付费模式的产生。网络的迅速发展带来对网生内容的巨大需求，也为网生内容带来了巨大的经济效益。稳定的分账收益，则刺激了网络大电影的爆发式增长，以及大量人员、资源、资本的介入。继爱奇艺后，腾讯、优酷、搜狐等相继进入网络大电影市场，并且不乏顶级传统电影公司的身影。华谊兄弟属下华谊创星主控与参投的《校花驾到 2：蜜桃时代》《捕快血之刃》《恋爱的正确姿势》等多个项目正是资本蔓延到网络大电影领域的结果。

"网络大电影入选 2016 年度中国媒体十大新词。"④"网络大电影《夺命稻草人》2016 年拿下了北京大学电影艺术学院奖'最佳编剧奖'。"⑤"网络大电影 2016 年总数达 2 500 部，总票房 10 亿元，而 2017 年预计将

---

① 爱奇艺在 2014 年 3 月 18 日首届网络大电影高峰论坛上提出"网络大电影"概念。
② 十二届全国人大常委会第二十四次会议. 电影产业促进法草案 ［Z］. 北京，2016.
③ http：//data. guduomedia. com/，［2016 - 04 - 15］.
④ 国家语言文字工作委员会. 中国语言生活状况报告（2017）［R］. 北京，2017.
⑤ 网易娱乐.《夺命稻草人》获北大艺术学院奖最佳编剧奖 ［EB/OL］.［2016 - 06 - 23］. http：//ent. 163. com/16/06/23/17/BQ8TJOR000300B1. html.

会高达 30 亿元。"① 这些数据无一不标志着网络大电影这个产业爆发式增长的力量。在这几年中，它呈现出以下的特点：

## （一）内容小规模生产

网络大电影内容的主要特点是"精短而完整"，主要体现在小制作、小放映和小投资方面，其中微放映是微电影之所以广为流传的主要原因之一。微电影制作时长较短，少则几天，多则十几天就能够完成整个制作流程，所以投资成本非常低，入门门槛也比较低，这也为普通大众提供了多种施展自我才能的机会。

## （二）娱乐化诉求

现今社会的大众群体生活在一种高压无趣的生活模式下，而娱乐是人的天性，这也凸显了媒体在人们心中的重要地位。传播学者在拉斯维尔的"媒介三功能"理念下提出了媒介的第四个重要的特征，也就是我们经常提到的娱乐。娱乐所具备的内涵已经远远超出人们所认知的范畴，上升到与思维方式、语言形式、技巧和语义阐释、表达直接相关的层次，而这些是网络大电影输出的重要表达方式。为了让大众享受到娱乐的意义，某些网络大电影会刻意破坏故事情节的完整性，只取故事情节的高潮部分，使得电影少了情景的铺垫和烘托，最终导致播放出来的效果远未达到理想状态。

## （三）碎片化的消费体验

网络大电影之所以备受消费者追捧的另一大原因就是它满足了当下大众的"碎片化的时间享受"的需求。在依靠各种技术终端的条件下，消费者的消费体验得到了重组，观看电影的习惯也在潜移默化下被改变着。最为值得一提的是，网络大电影不像以往那样结构单一，大众可以随心所欲地选择并享受自己的选择内容。

---

① 梁三告. 行业报告：去年网络电影总数达 2 500 部，总票房 10 亿元，Top3 占近 5 000 万 [EB/OL]. http：//www. pintu360. com/a28336. html.

## 二、网络大电影生产的闭环效应

网络大电影在几年之内的迅速发展与尺度宽泛、审查宽松的外部环境相关。但 2017 年 3 月 1 日，《电影产业促进法》正式实施，宣告"未来网络大电影与院线电影审查标准将统一"。监管只会淘汰低端的内容与作品，并非扼杀网络大电影的未来，因为它的生产市场已形成一个完整的闭环。

闭环简言之就是一个系统中所具备的反馈控制，通过反馈使系统输出值尽量接近于期望值，进而减少系统的误差。借助互联网技术，特别是 2010 年后移动网络的普及，网络大电影生产链上的闭环得以实现。由于网络大电影是视频平台的产物，而视频平台本身便是一个半封闭的系统，担当着自资自产自审自营自销的角色。从整个产业体系来讲，借助互联网技术，网络大电影生产链的闭环得以实现。具体而言，包含四个方面的闭环：

### （一）闭环的起点：从已有广大用户中来，生产与成效的闭环

既然网络大电影是互联网与电影融合的产物，那"互联网＋"的独特优势体现在哪里呢？生产市场存在变数和风险，制作方和网络发行平台是这样理解的：通过网络后台对网络大电影用户行为大数据进行抓取与分析，替筹备期的电影准备好依据、参照标准、衡量手段，进而指导网络大电影的创作。

院线电影面向大众，而网络大电影则是面向中众甚至小众，它的整体效应来自于"长尾市场"，所以提前给出观众清晰画像则锁定了目标消费者。例如，网络大电影用户行为分析报告显示："女性观众占34%，男性66%；19～24 岁占47%；25～30 岁占39%。"那么，网络大电影爆热的喜剧、动作、僵尸、玄幻、体育等题材，大概是与男性用户相匹配的敏感类型；"网络大电影移动端观看数据中，安卓端占到58%"则告诉大家网络大电影观影群体更多集中在非苹果手机上，从而确定用户分布地域应以三、四、五线城市及乡镇和农村的低龄人群为主，那里将会涌现出网络大

电影的一片蓝海。为避免同质内容大量涌现带来的审美疲劳，凭借网络大电影用户的偏好画像，可尝试细分化、差异化的探索：80 后用户偏好宫廷、言情、悬疑题材；90 后中意玄幻题材；00 后最爱搞笑题材；但少儿资源相对匮乏，展现出较大的市场空白。2017 年 8 月 11 日，网络大电影《星游记之风暴法米拉》在爱奇艺付费频道独家播出，投资方将目标观众定位为 8~12 岁，与电视上动画片 3~8 岁的核心儿童观众群错开了距离。

　　传统电影多采用导演思维，互联网颠覆之，将核心聚焦于用户思维，借助大数据来研究网络大电影观众的年龄、行为、兴趣、特点等。总结、提炼、归纳各项指标后，让创作团队清楚知道观众喜欢什么热点、追捧什么题材，从而创作出更有针对性的作品。这种为观影人群量身打造的作品类型势必拥有更强的竞争力和更高的成功率，原因在于定制模式能够减少网络大电影从业人员由于个人喜好、片面认知、情绪波动等主观因素造成的误判，帮助他们规避行业风险，达到收益目标。网络大电影市场是细分的市场、垂直的市场。2016 年上半年播放 Top 5% 的网络大电影在网络大电影整体中占比 47.5%，低于同期同比例院线电影占比（59%），[①] 因此网络大电影应更重视个性化推荐。此结论再次印证了我们给网络大电影消费者画像，甚至可以过滤筛选出重复购买者，把他们列为 VIP 用户。

## （二）生产与反馈/场景的闭环，中间节点：子闭环的叠加

### 1. 吐槽与弹幕

　　当下，电影评分网站会影响人们对作品的判断，甚至会对票房产生导向性作用。然而笔者发现不管是在豆瓣、时光、毒舌、大众、烂番茄（Rotten Tomatoes）、Metacritics、IMDb 的影评组，还是在知乎、百度知道的问答平台，关于特定网络大电影的讨论近乎看不到。评价的缺位说明网络大电影显然没有进入主流电影的视线。那么网络大电影线上的发声和造势靠什么？"刷弹幕吐槽"给我们提供了另一个影评视角。

　　爱奇艺影业投资项目部的总经理窦黎黎做过一场名为"如何利用平台优势孵化网络大电影"的演讲，她的观点十分新颖：经典或院线电影是反

---

①　参阅艺恩咨询的《中国网络大电影行业研究报告（2016）》。

槽点的，希望观众看完以后找不到槽点和失误。我们希望制作方在制作网络大电影时给槽点留一些空间，让用户争议，这就是网感。

刚开始看 A 站（AcFun）、B 站（bilibili）时，大家觉得从观看体验上讲弹幕是反人性的，但其用户的黏性极高。这是因为网络原住民 90 后、00 后登上历史舞台，其消费主义价值观被重塑和重写之后的展现。不管是实用型弹幕（包括字幕菌、科普帝、资源帝、高能预警等）也好，还是参与型弹幕（包括吐槽、空耳、刷屏等）也好，观众在弹幕中可以放肆地去表达趣味、想象力……看到自己有意思的想法出现在屏幕上时，参与感得到满足。再加上与其他影迷的互动、交流、对话，尤其是被别人追捧时，获得的几乎就是开派对般的高附加值。

在闭环控制理论里，正反馈能够让微小的输入产生巨大的输出，而吐槽是一种负反馈。但网络大电影制作方故意将某些劣势（比如剧组太穷、镜头穿帮）巧妙设计成为内容，反而变成了网络大电影的卖点。这样一来，吐槽的质量远远胜过网络大电影作品本身，人们去看网络大电影不是因为它好看，而是被槽点所吸引。所以闭环中的负反馈用到影片设计中能增加影片的抗干扰能力和用户黏性。

## 2. 用户场景

从目前的情况来看，院线电影的体验必定要比网络大电影好。首先，它是一个物理空间的社交过程，具备仪式感；其次，院线电影大银幕的高清画质、沉浸式音响，大大提升了视听感受的舒适度。但是，移动网络让智能手机和平板电脑成了"人体器官的延伸"。观看情境化为随时随地、无时无刻的一个闭环：床上、沙发上、车上，进餐时、排队等待时、上洗手间时、走路时，边看边玩边聊边吃是年轻用户的观影常态，观看体验更倾向于使用碎片时间全天候的快速消费模式。用户场景的变化为网络大电影未来的创作提供思路，例如特写的加大运用以适应移动小屏观看体验；院线电影的 3D、4D、IMAX 重视听，网络大电影没有必要取长补短，只需扬长避短：加强惊悚、悬疑、罪案这类强剧情类型片的制作。

## （三）生产与融资/收益的闭环

### 1. 众筹

众筹是互联网的产物。对普通民众来讲，资产配置多在房子、股票、债券上。不过这些未必能满足所有大众的理财需求，尝试新兴行业可以拓宽原有的投资渠道。目前在网上，普通人通过众筹的方式也能参与影视投资。成功众筹项目 37.1% 的筹资资金在 1 万元以下；万元级和十万元级的占比分别为 40.9% 和 19.8%；筹集金额百万元以上的项目仅占 2.1%。[①]院线电影，投资门槛高、风险大、项目少，民间小额资本进入无门；而网络大电影多数项目投资低，与"少虽少，众人拾柴火焰高"的网络众筹相匹配。2016 年网络电影《灵魂罪男女》进行资金众筹，不到 3 小时便筹集到预期 30 万元的拍摄经费，这便是最好的例证。

现在只做网络大电影众筹平台的有影大人、电影宝、聚合众筹、恒星计划等。众筹回报样式多种多样，涵盖债权、股权、消费权等。总的来看大多数属于消费权投资，即投资了钱，最后获得的是实物回报（如免费观看电影/寄签名海报/电影的鸣谢）。另外，我国现行法律规定：股权众筹人数不能超过 200 人。对投资成本巨大的院线电影，这个人数限制，无疑是个极大的障碍，无法成全网络影迷的参与愿望，但对于只需投资几十万元、百来万元的网络大电影来讲，显然容易多了。

国内的网络大电影团队往往是新媒体影业创业者团队。他们常常缺少参与传统院线电影生产的机会。说他们经验不足是事实，然而他们思维活泛，网感强，对时下年轻人的网络文化消费偏好拿捏得更为准确，因此也获得了影迷的力挺。借助众筹或许能从全新视角挖掘出一些优秀的项目、导演、团队，因此，网络大电影为这些青年演员、导演、制片人、编剧提供了宝贵的锻炼机会。像网络大电影《赚够一千万》最开始的定位是院线电影，但片子拍出来以后由于资金不够没能冲进院线项目（因为院线发行需要垫资几百万元），2016 年 8 月影大人平台将其列为成片众筹项目。

众筹让饱受资金困扰的网络大电影创作者们看到了破解资金难题的途

---

[①]　零壹研究院. 中国互联网影视众筹发展报告. 2016.

径。不过，好的网络大电影项目如何拿到及时有效的资金支持，而好的投资客如何在众多纷杂的网络大电影项目中把出色者甄别出来，解决闭环中双方信息不对称的问题，才是网络大电影众筹产业的关键。

## 2. 付费

历来已久，院线电影培养了观众的付费习惯，网络大电影继承了电影基因，让它具备了点播收费的基础。一般网络大电影前6分钟可免费看，剩下的需付费才可观看。付费商业模式可使网络大电影这个产业有良好的长期发展基础。拿院线电影来说，2015年中国线上电影票务（含选座和团购）贡献票房占比达到64%，[①] 可见，互联网技术刺激了电影在线消费生态的成熟。网银、激活码、手机话费、支付宝、微信任你挑，一次或包期（月/季/年）任你选，这些构成了日益便捷的外部支付环境。尤其是平台VIP会员，给用户尊贵的身份属性感——抢先看/优惠看。付费会员转化背后的商业逻辑不仅仅局限于他们直接上交的费用，更重要的是对于会员价值的挖掘，使潜力/游离用户转化为忠诚/固定用户。会员付费模式早在2015年就让近60%的网络大电影片方赚钱，即使现在竞争激烈，盈利比也远超院线电影的10%。

付费的完成令网络大电影出品方—平台—观影用户三方的联动形成了闭环，观影用户从平台得到网络大电影产品及服务，网络大电影出品方从平台得到观影用户的付费收益。平台从网络大电影出品方得到电影产品和因该电影产生的广告收益及新增付费用户收益。而这种闭环结构的核心是网络平台，我们在院线实体店消费时，一手交钱一手交货，不会留下观影用户消费的蛛丝马迹，但是在互联网上，所有行为都存在数字轨迹。当然，这些数字轨迹使每位观影用户让渡了个人信息，它的结果却是让三方受益。

---

① 易观智库．2015中国电影在线票务市场报告．

## （四）生产闭环的终点：到目标网络大电影用户中去，商品的闭环

网络大电影的产业数据，供求关系数据，反映用户意见、态度和行为的数据，将为分析网络大电影市场，并继而为商品生产、交换、消费提供基础。

在好莱坞，票房仅占电影全产业链收入的30%～40%，而衍生品的贡献占比极高。如《冰雪奇缘》中Elsa公主的裙子就卖出300万条，创造4.5亿美元的效益，整个《冰雪奇缘》衍生品收入为票房收入的4倍。

而中国电影衍生品收入只占总收入的10%，不少版权方对于衍生品的认识有偏差：以为简单将电影元素印在笔记本、T恤、钥匙扣、水杯等商品上就行了，最后这些商品沦落成为赠品、宣传品。但网络大电影的跨界延展潜力既可以想象又值得期待。一是已有视频平台的大数据显示，网络自制剧观众更加关注服装鞋帽、快销品、电子产品等使用周期短、更新换代快、需求量大的商品。二是网络大电影观影市场下沉到三线以下城市及农村，其人口超过10亿，跟一二线城市目标用户的消费口味完全不一样，夯实大规模目标用户有了基础。

在被阿里收购整合后，优酷试图打通视频会员与淘宝、天猫会员的界限从而实现导流，进而构建基于电商的泛娱乐体系（比如网络大电影付费用户即使选择5元单次的消费额度，未来也可以与其他行业的会员互通使用）。对电商板块的引流，让我们看到不同领域在全产业链上不断发生边界消融。

网络大电影商务变现方面，通过"粉丝"经济、周边产品变现已有成功案例，网络大电影内容可在动漫、游戏、衍生品等其他载体上进行价值流转。网络大电影生产市场的闭环本质是互联网传播新科技与传统文化、经济、商业纠缠到一定程度后的产物带来的新消费模式。也许目前它还没法与院线电影相提并论，但有业内人士预测，网络大电影未来会和院线影片平起平坐，甚至会超过传统的院线电影。

# 第七章　新媒体艺术

由于20世纪60年代的观念艺术、早期未来主义宣言、达达式行为和70年代的表演艺术的不断发展，新媒体艺术（New Media Art）得到了逐渐发展。早在20世纪20年代，因无线电得到快速推广，一些德国艺术家设想把这种向大众传递信息的媒介转换为一种创作工具，进而使早期的新媒体孕育而生。随着信息革命的爆发，计算机成为主流创作工具，艺术家掌握了便携式摄影录像设备并运用在艺术表现上，从此拉开新媒体艺术的帷幕。

在当今的学术界中，对于新媒体艺术的定义尚未有一个统一的衡量标准。现今大家所能接受的一种主流解释是：新媒体艺术是一种以光学媒介和电子媒介为基本语言的新艺术学科门类，它建立在数字技术的核心基础上，亦称数码艺术，其表现手段主要为电脑图像CG（Computer Graph）。新媒体艺术的范畴具有与时俱进的不确定性，眼下它主要是指那些利用录像、计算机、网络、数字技术等最新科技成果作为创作媒介的艺术品。

## 第一节　新媒体的视觉革命

### 一、视觉传达

人类对世界的认知范畴很大程度上取决于听觉和视觉这两大功能，因为眼睛和耳朵这两大人体器官具有得天独厚的距离测试能力。这种结论并非凭空捏造，相关行业的科学家通过一系列的数据研究表明：在客观认识这个世界时，人类通过视觉功能所搜集到的信息占所有信息的70%左右，剩下的30%左右的信息是通过听觉功能所得到的。为了强调视觉效果给人类带来的强大影响力，在《汉书·校武李夫人传》中提到"一顾倾人城，再顾倾人国"。视觉器官表现出了强大的直观性传达效应，对人们的冲击力和影响力比其他功能器官的作用更大。视觉效应能够弥补其他器官所造成的不足，真正让人们体会到了它在信息社会传播机制中不可比拟的地位。

　　视觉传达设计是在19世纪中叶欧美的印刷美术设计（Graphic Design）的基础上进一步发展而来的，实际上也就是平面设计和图形设计的进阶和延展。在当今的信息社会中，由于科技的迅速发展和时代的不断进步，人们体验到了视觉效应所带来的革命性效果。世界各地的人们可以借助视觉及媒介实现信息的传递、情感的交流、文化的体验，这些都可以克服语言不通和文字的障碍；通过对"图"——图像、图形、图案、图画、图法、图式的视觉共识获得理解和互动。

　　视觉传达有两个基本概念，即"视觉符号"和"传达"。"视觉符号"通常是指通过人类的视觉器官所感受到的事物表象和本质，例如有趣的古典戏剧、跌宕起伏的电影情节、富丽堂皇的欧式建筑物、惟妙惟肖的人物画像，还有精致唯美的摄影和形色不一的头发造型等都是通过视觉器官可以体会到的，这都是属于视觉符号的范畴。视觉传达的另一个基本概念——"传达"，通常是指一方通过某种符号方式向另一方传递信息的过程，它不仅可以在人与人之间相互传达，而且还可以在个体内得到传递，例如人与人之间的沟通，人与环境之间的交流以及人与自然的和谐相处，都离不开"传达"这一重要纽带。它包括"谁""把什么""向谁传达""效果""影响如何"这五个程序。

　　视觉传达是一种借助视觉器官在人与人之间进行交流的方式，世界各地的人们都可以通过媒介产生的视觉语言进行信息的传递、文化的交流和情感的沟通。视觉的表达不会因语言的不同、文字的差异而产生沟通障碍。现如今新媒体利用丰富的图像、图式、数码影像、视频等优势，让人们在视觉的互动中达成共识。比如，数字技术使人们可以足不出户就能通过视觉传达在互联网虚拟世界中享受异国风情、美味佳肴、跨文化交流的效果。

## 二、新媒体视觉传达发展现状

在数字化快速发展的时代，视觉传达设计把它原有的范畴进行填充，进一步走向更广阔的领域。数码艺术、网页交互、多媒体广告、数字影像等开始出现，在已有的视觉形式被数字视觉不断质疑的情况下，数字视觉也在对视觉传达进行更深层次的外延。多元化的视觉观念预示着传统设计门类即将被新的视觉传达方式所击破，进而产生一种以传统设计为基础的新媒体，利用新媒体和新技术手段扩展新的领域，并对传统视觉传达设计进行继承与发展。这种新媒体往往综合利用文字、声音、图像、动画、影像等多种媒体形式。在互联网和交互技术的支撑下，新媒体成为新媒介、新技术条件下一种具有自身独特性的传达方式，使作品拥有一定的交换性和主动性，实现了真正意义上的全方位、多感官的信息传播。

2013年10月至2014年3月，在台北"故宫博物院"举办了一场名为"乾隆潮"的新媒体艺术展。这是一个用声、光、影、像打造的奇妙世界——将蕴含"帝王品位"的乾隆时期文物与现代"通俗文化"做一场超时空的对话，通过街头艺术、角色扮演、卡通、动漫、电音、电玩等手法加以呈现，对乾隆的艺术品位进行了全新的诠释与再创作。展览借由新媒体科技将文物变得很"新"、很"潮"。

了解新媒体艺术创作需要经过五个阶段：联结、融入、互动、转化、出现。联结并全身融入其中（而非仅仅在远距离观看），与系统和他人产生互动，这将导致作品与意识转化，最后出现全新的影像、关系、思维与经验。人

们一般说的新媒体艺术，主要是指电路传输结合计算机的创作。最新颖的新媒体艺术将是"干性"硅晶计算机科学和"湿性"生物学的结合。这种刚刚崛起的新媒体艺术被罗伊·阿斯科特称为"湿媒体"（Moist Media）。新媒体艺术的表现形式很多，但它们的共通点只有一个——使用者经由和作品之间的直接互动，参与改变了作品的影像、造型甚至意义。他们以不同的方式——触摸、空间移动、发声等来引发作品的转化。不论与作品之间的接口为键盘、鼠标、灯光或声音感应器，抑或其他更复杂精密，甚至是看不见的"扳机"，使用者与作品之间的关系主要还是互动。联结性乃是超越时空的藩篱，将全球各地的人联系在一起。在这些网络空间中，使用者可以随时扮演各种不同的身份，搜寻远方的数据库、信息档案，了解异国文化，产生新的社群。

# 第二节　新媒体艺术的典型个案

## 一、日本新媒体艺术家黑川良一作品：《反向折叠》

《反向折叠》是黑川良一2016年作品 *Unfold* 的升级版，将与星辰及星系的形成、演化相关的诸多现象转译成声音、图像及振频，以给人极大感官享受的展演，将艺术美感与科学技术完美结合。灵感来源于由法国宇宙基本定律研究协会［法国原子能署（Commissariatal Energie Atomique, CEA）；宇宙学研究所（Institut de Recherche Surles Lois Fondamentales de L'univers, IRFU）］的天体物理学家们基于欧洲航天局（The European Space Agency, ESA）及美国国家航空航天局（National Aeronautics and Space Administration, NASA）的卫星及赫舍尔空间望远镜收集的数据所提出的最新发现。这些数据可以让人追溯星辰演化的宇宙史。除此之外，艺术家也借助 CEA - IRFU 的天体物理学家们透过超级电脑所推算出的数字模拟方程式来为宇宙及其构造建构模型。

《反向折叠》努力表现核聚变（像太阳那样的恒星的能量来源），为超新星爆炸的最初瞬间建构模型，并最终描绘出不同星系撞击之后重新形成新恒星的过程，这种现象似乎也是我们所在的星系在数十亿年后注定将会遇到的。最有意思的是它有学术指导：文森特·米尼俄（Vincent Minier），其数据来源：赫舍尔空间望远镜项目、欧洲航天局、美国国家航空航天局、生物信息学（BLAST）实验报告、超级宇宙氢—阿尔法探测报告（SHS）等。

## 二、利用计算机算法把日常影像变成流动的"油画"

这件新媒体的艺术作品是一个 14 英尺 × 23 英尺的巨大装置，位于芝加哥北部国家街 515 号的大厅内，由创意公司 ESI design 和 AV&C 联合创作完成。计算机用近 5 个小时镜头分析每个视频的移动物体，包含了芝加哥河、城市列车和海滨娱乐设施等，可以随机生成 5 000 多种独特的抽象作品。通过它，我们可以看到计算机算法与艺术的结合。

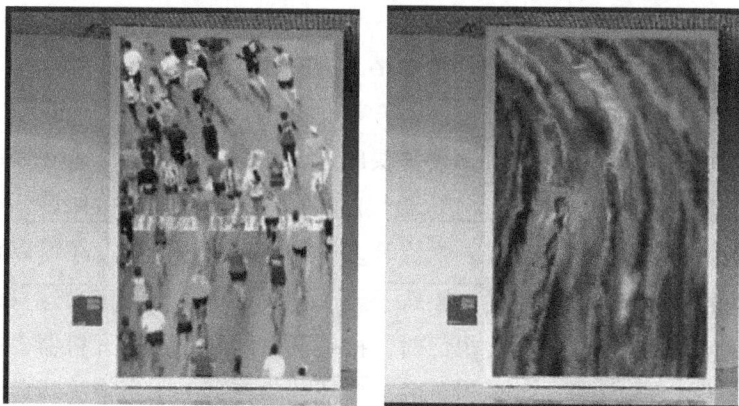

## 三、将北京城的小溪"穿越"到英国泰晤士河畔

这件名为 The Riverside 的作品由艺术家刘佳玉创作，它打破了艺术创作原有的时空观，将北京城的一条小溪"搬到"英国泰晤士河畔的一个展馆，风格唯美却又脑洞大开。艺术家在北京找到一条穿过长城的小溪并选段截流，将干涸后的河床通过 3D 实地扫描后利用 CNC 制成混凝土河床。作品长 8 米、宽 3.5 米，在英国伦敦 Watermans Art Centre 的 Riverside Gallery 内展出。作品使用 Houdini 创建流体粒子效果伴随波动实时渲染，并使用 6 台高清投影仪进行与泰晤士河同样自西向东的河流映射。有意思的是，身在伦敦零时区的观众可以通过作品看到北京东八时区实时的河水流动状态，以及根据日月交替而在水面上反射出的颜色、方向的微妙变化，仿佛通过文化的"虫洞"由伦敦穿越到北京一般。

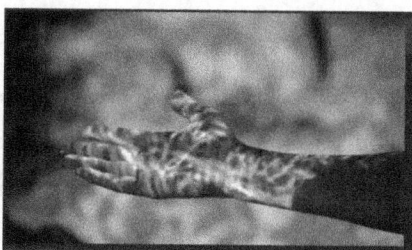

## 四、有趣的智能宠物 Ulo

法国设计师 Vivien Muller 将猫头鹰形象和智能监视器结合在一起，创作了有意识的智能宠物 Ulo。Ulo 最大的亮点是忽闪忽闪的大眼睛，它可以根据环境展示出快乐、生气、吃惊等多种情绪化的小眼神，还可以跟着眼前移动的物体来回移动它的大眼珠子。通过 App 你可以自定义这只宠物眼睛的颜色、尺寸等。当你要出门时，按一下它的脑袋是打开机器，按两下就直接进入警戒模式。在它银色的小嘴部分隐藏了一个摄像头和运动传感器，摄像头可拍摄最高 1 080p/30pfs 的全高清视频。不在家时，运动传感器检测到物体运动会主动录像并发送拍摄下来的视频到你的邮箱内。Ulo 还内置电池，官方称续航可达一周，当电量低时，猫头鹰无精打采的样子会来提醒你充电。当你给它插上电源时，小眼神立马透出机灵。

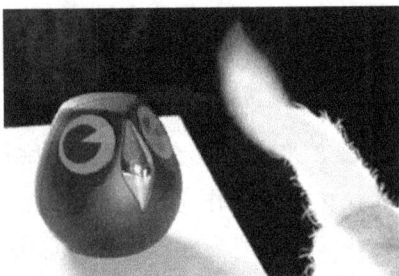

## 五、250 只"昆虫"做成的华丽灯光装置

该装置 Curiosity Cloud（好奇云朵）由设计师 Katharina Mischer 和 Thomas Traxler 完成，它赞美大自然中的美妙瞬间以及人类与自然世界的互动方式。它由 250 个人工吹制的玻璃球罩组成，且每个玻璃球罩中都有一只手工制作的昆虫模型，每一只昆虫模型都是不同的，但相同的是它们都在振动着翅膀。并且，每当人们靠近这个闪亮的装置时，容器里的小生物会更快地振动它们的小翅膀，还会不断地拍打着玻璃容器。Curiosity

Cloud 是设计组合 Mischer' Traxler 与巴黎之花香槟的再度合作，在 2015 伦敦设计节期间展出。这是一个玩味的体验过程，同时也是一个引导人们思考人与自然关系的艺术项目。展览者们希望观众们可以感到意外，然后被它点亮。

# 第三节　新媒体艺术的视觉传达特性

## 一、多元性的视觉传达方式

在原有的传统视觉传达基础上，新媒体和新技术有了更宽广的视觉传达范畴，这种视觉传达方式成为新媒体条件下的一种视觉"特产"，它往往以互联网与交互技术为媒介，结合文字、图像、声音、影像、动画等多种形式，使受众真正对信息处理拥有一定的主动性和互动性，使全方位、多感官的信息传递得到真正的实现。

## 二、人性化的视觉传达形式

新媒体在多种媒介形式与多媒体技术融合的条件下，为同一平面（空间）中多种、多层信息同时显现创造了可能性。浏览者可以依据个人喜好对其中的内容进行随性的放大、缩小、排列、堆叠，不再因尺寸和预设顺序而受限，个人对信息的处理拥有更多的主动性，在视觉传达过程中拥有更多的趣味性，显现了信息传播过程中的人性化设计的一面。

## 三、交互性的视觉传达行为

在传统媒体传递信息的过程中，信息传播者是中心，受众只能被动地接收信息。依托数字技术、视频手段，新媒体得到广泛的运用，并在很大程度上扭转了这种局面，受众对信息的获取不单单是简单的接收，还增加了个人主动性，参与了信息传递、创作的过程，呈现出人机互动效应。互动是新媒体自带的一大技术优势，将之前的以视觉体验为重心转化为心理的判断和选择，这种独具特色的互动成为越来越多的受众选择新媒体的重大因素。

# 第四节　新媒体艺术的表达方式

## 一、组合

组合与拼接是当代艺术作品最基本的表达方式。以数字技术和媒介为基础的新媒体艺术，在表现手段和表达方式上更是离不开组合、装配、合成和拼贴等相关手段。图像和影像编辑等各种"非线性"电脑软件都是既方便又实用的数字软件工具。通过数字技术进行组合与整合，它们将分散的素材或个体的材料，编辑成一个新的整体和完整的作品。所以，新媒体艺术将数字技术从图片拼接延伸到装置艺术和网络艺术之中，形成了与当代艺术的共同表达方式：组合、安装、排列、并置等；像电影的蒙太奇剪辑方式，实际上也是组合、安装和拼接，将两个以上的画面组合在一起，产生不同于原有画面的新意义。这既是电影语言，也是影像语言的重要表达方式。新媒体艺术的组合方式，既有电脑屏幕内部的图像、影像组合，例如PS、数字剪辑、数字合成等；又有屏幕之外的材料性组合。组合与拼接，不是指将物象简单地进行堆积和重叠，而是依据不同的原则进行，所采用的原始素材之间的关系可以是相似的，以产生视觉语言的相互关联；也可以是对立的，以产生强烈的视觉冲击。总的来说，组合与拼贴的造型元素之间存在着某种逻辑关系，这种逻辑关系可以是视觉上的，也可以是观念上的。

## 二、转换

转换，也称为置换，是当代艺术一种基本而普遍的表达方式。它强调通过移借或挪用的方法和手段，将不同的物象在材料上、体积上、空间上甚至时间上等许多方面进行重新组合，由此转换为一个新的物象。新媒体艺术在数字技术特性和媒介特性的有力支持下，转换的手法显得更加丰富和方便。通过艺术家对事物特征的转移和强化，它可以借助数字技术，对某些众所周知事物的外在特征、数量、现象、材料等进行一系列的改变，使"此"物象转换为"彼"物象。艺术家对原有事物所进行的改变（一些互动性新媒体艺术作品甚至是由观众参与所进行的改变），会使观众将信将疑地对事物被改造前后之间的关联性进行联想和独自判断，从而使当代艺术和新媒体艺术作品与观众产生心理的共鸣，以隐喻艺术家的某种观念或思想，领会艺术家所要表达的深刻含义。

## 三、拟像

拟像理论的重要理论家让·鲍德里亚（Jean Baudrillard）认为，正是传媒的推波助澜加速了从现代生产领域向后现代拟像社会的堕落。而当代社会，则是由大众媒介营造的一个仿真社会，"拟像和仿真的东西因为大规模地类型化而取代了真实和原初的东西，世界因而变得拟像化了"。正是基于这样的认识，鲍德里亚认为我们通过大众媒体所看到的世界，并不是一个真实的世界，甚至因为我们只能通过大众媒体来认识世界，真正的真实已经消失了，我们所看见的是媒体所营造的、由被操控的符码组成的"超真实"世界。鲍德里亚理论仿佛一针见血地指出了新媒体艺术在数字技术操纵下的本质特征。利用一切手段模拟现实和仿真，一切事物都可以在（数字）媒介中存在，一切都可以在模拟世界中被感知，模拟真实以某种模式和符号取代了现实真实，那么现实世界将是由模式和符号决定的世界。这便是一个新媒体艺术的世界。那么，模式和符号也变成了控制这个世界的方式。拟像也称戏拟、戏仿，是艺术家以虚拟的造型形式模拟现实世界中事物某种具有特征性的现象，进行各种不同方法的转换，以独特的语言方式表达了事物的本质特征，获得了观众的认同与接受。

## 四、重复

重复的表现方式主要体现在两个方面：一方面，在艺术创作中，艺术家将创作的素材进行了反复多次的排列和组合，将同类素材在重复中同时运用于一件艺术作品中，也就是对素材的一种反复运用；另一方面，指艺术创作语言方式的重复性表达，即在艺术创作过程中艺术家运用了多重转换的语言方式将原有的材料进行一而再，再而三的转化并进行重复叙述，在不断重复转化过程中，艺术家的创作观念也随之显现出来。重复与排列的方式在一定程度上可以呈现出机械复制的感觉，无论是规则还是不规则的变化，重复排列所带来的复制感更强调了艺术家的主观意识，而恰恰是这种人为的复制感制造出了难以抵制的视觉力量。

# 第五节　新媒体艺术的审美

前文新媒体艺术的典型个案让人们看到了具有开拓精神的先锋艺术家们进行的勇敢探索，其中科技的发展无疑给这种探索注入了一针强心剂。影像/录像艺术、装置艺术、虚拟现实、电子游戏、信息科技、数字图像、实验性音响以及人工智能、大数据等都是它的涵盖范围，体现了当代审美心理诉求的新特征。

## 一、震撼与沉浸——多维感官审美

法国理论家里吉斯·黛布蕾（R'egis Debray）从文化与媒体的关系出

发，将人类社会分为书写时代、印刷时代和视听时代。毫无疑问，从 20 世纪下半叶开始，人类已经由以读和写作为接受和传播知识的主要方式，转变为以看和听作为主要方式。数字化技术和媒介的空前发展重新塑造了人的感性，使艺术产生了变迁。单一的传达方式已经不能满足当代人的感性需求，艺术感受的形式即便不像本雅明所说的是触觉的，走向多维与综合却是不争的事实。毫无疑问，我们的时代已经"超越了视觉阶段而日益成为多种媒体和多种感官时期"。后现代的一个重要特征便是大众文化和商业逻辑向文化生产领域的渗透，所以后现代艺术已没有现代艺术那样具有精英文化特征，而表现出了对大众和日常生活的关注。正如本雅明所说，"大众想要散心，艺术却要求专心"，大众与艺术的这一矛盾在便利的机械复制时代得到了解决，伴随着复制而来的灵光消逝，艺术借助科技带来的震撼效果"潜入"大众，从而满足"散心"的需求。新媒体艺术正是凭借现代化的媒体手段突破了以往艺术的单一传达方式，营造出多重感官的情境和氛围，带来震撼效果使观众沉浸其中。

## 二、偶发、拼贴与碎片——非线性审美

早在 1863 年，波德莱尔（Charles Pierre Baudelaire）就敏锐地发现现代化工业社会的重要特征之一便是短暂、流变和偶然事件。偶发、拼贴、碎片构成了后现代艺术非线性的审美特征。非线性的叙述方式始于电影的蒙太奇技术。当今，这种偶发性和间断性的叙述方式成为新媒体艺术普遍使用的艺术语言，强化了非线性审美的心理体验。超媒体包括文字、影像、图片、动画、声音等图文声光，其中的元素和机构是分离的，通过超链接将这些离散的元素和机构联系起来。如果说传统的线性叙述强调文本的内部关系和意义的汇聚性，那非线性则更为重视文本的外部关系，其意义更具有发散性。

## 三、数字化与虚拟空间——非物质性审美

新媒体艺术的非物质性审美体验主要来自两个方面，首先是艺术形态

的非物质性，其次是借助数字化技术艺术创造出的虚拟空间。正如克罗齐（Benedetto Croce）所说的，艺术不是物理事实，艺术品的价值不能以它的材料去衡量。艺术是直觉表现，传达的是人的思想、情感，是"存在者的真理自行设置入作品"。因此，我们看到，20世纪后期以来的艺术探索不断打破材料和媒介的范围，而越发强调观念的表达。在这个数码统一信息的时代，艺术的存在形态已经从物理原子转向了比特，呈现于电子的屏幕上。

## 四、情感传达——耦合式审美

新媒体艺术的展品不仅仅是真实的陈列物品，更是包含着深远文化和深刻情感的载体。人的认知与其产生的情感之间有着密切的联系，情感因素直接影响到人对事物的认知程度。观众在面对一个新媒体艺术作品时，会对展示的文化信息做出第一眼的选择，从最初的好奇心到驻足欣赏时会产生许多心理反应，这就是情感传达的先决条件。新媒体艺术因为互动性和超时空性，它不再是一个封闭的系统，而是一个不断发展的开放体系。观众对展示对象的理解从表象深入其情感与精神的本质部分，促进了作品与观众之间情感的交流。很多时候，由于人类情感本身是不可度量的，新媒体艺术作品以意象为载体，通过丰富的感受和想象，让受众反复地咀嚼、琢磨、玩味，情感体验在此过程中起着决定性的作用。此审美过程中可能有多种其他因素介入，但最主要的是情感体验，从一定意义上说无情便无美可言。

美国著名的文化理论家丹尼尔·贝尔曾经说过，从20世纪下半叶开始，人类已经由以读和写作为接受知识的主要方式，转变为以看和听为主要方式。从文字阅读转向图像阅读已经是一个不争的事实。新媒体艺术的出现无疑会对人类的知识结构、认知方式以及行为方式产生重大的影响。

# 第八章　新媒体经济

新媒体经济是一种新的经济形态，它主要由硬件设备生产业、软件服务业、渠道运营业、内容生产业、相关的营销服务业、维护服务业等产业构成。新媒体经济的飞速发展，与众多以互联网、无线网络、数字广播网络、卫星网络为基础的产业的变革、转型与融合密切相关，也是由于这些网络，新媒体经济才得以形成。

## 第一节　新媒体产业

### 一、新媒体产业的含义

新媒体产业的含义，主要由以下三个方面构成：

第一，与新媒体有关的软件、硬件、内容等形式的生产、销售与服务。

第二，负责新媒体渠道的建设、运营与服务的企业。

第三，通过新媒体的新闻信息来服务社会、创造利润和增加就业机会的活动。

新媒体产业主要负责的产品通常包括三个方面：

第一，使用新媒体所需得到的数字硬件设备的生产、销售与服务，包括 PC、智能手机、光纤、网线、路由器等电子硬件的生产、销售，以及与售后维修服务有关的经济活动。

第二，使用新媒体所需通过的数字软件的生产、销售与服务，也就是信息流通的新媒体渠道的建设、运营与服务，包括与有线网络、卫星网络、宽带、无线网的建设运营与维护服务有关的经济活动。

第三，利用新媒体硬件和软件而得以流通的新媒体内容的生产、销售与服务，包括文字、图片、视频、音频等内容形式的生产与交易流通，还包括设计、制作与维护网页的经济活动等。

## 二、新媒体产业资源的构成

资源是指社会经济活动中人力、物力和财力的总和，是社会经济发展的基本物质条件。在社会经济发展的一定阶段上，相对于人们的需求而言，资源总是表现出稀缺性，从而要求人们对有限的、相对稀缺的资源进行合理配置，以便用最少的资源耗费，生产出最适用的商品和劳务，获取最佳的效益。资源配置合理与否，对一个国家经济发展的成败有着极其重要的影响。新媒体产业资源也是资源的一种，对于国家经济发展有着至关重要的影响，同时它也是新媒体产业构成的基础。克里斯·安德森（Chris Anderson）在《长尾理论》（*The Long Tail*）中曾说：网络经济（也可以说是以数字化网络媒体为核心的经济，笔者注）是"被忽视的丰饶经济"，因为"我们有充足的货架空间，充足的流通渠道，充足的选择"[①]，但他忽略了传统经济学"社会资源稀缺下的选择"的使命，也忽略了一个关键点，那就是"尽管所有媒体上的选择空间或许是无穷无尽的，但是人的注意力及时间仍然是有限的，我们的可支配收入也是有限的"。因此，新媒体产业最终还是由稀缺的资源构成的，有学者认为："新媒体的产业资源主要由信息资源、渠道资源、注意力资源与影响力资源构成。"[②] 后两者也可拆分成广告资源、受众资源与品牌资源。

### （一）信息资源

加拿大学者马歇尔·麦克卢汉曾提出"媒介即信息"的著名观点，这不但阐述了媒介与信息之间的联系，也说明媒介是比信息更重要的存在。

---

① 克里斯·安德森. 长尾理论 ［M］. 乔江涛，译. 北京：中信出版社，2006.
② 殷俊，袁勇麟. 新媒体产业导论——基于数字时代的媒体产业 ［M］. 成都：四川大学出版社，2009.

不同媒介所承载的信息构成、信息特点以及信息量等都有很大不同。

在新的一股由通信技术革新所产生的浪潮下，新媒体通过大规模产业化的方式，通过网络或移动网络生产出了大量文字、图片、视频、音频，以及通过媒体融合而形成的多媒体形态信息。与此同时，传统大众媒体，比如报纸、杂志、广播、电视等也在不停歇地大规模生产与传播着丰富的信息。这也就意味着人类社会已经逐渐迈入了信息资源极其丰富的富媒体（Rich Media）时代，甚至出现了信息过剩的情况。相比传统媒体，新媒体的信息过剩情况更是严重，只要是有条件接触媒体的人，都处在一个被信息包围的宇宙中。

## （二）渠道资源

渠道资源，就是指传输新闻信息资源的各种网络与通道，比如平面纸质媒体的版面、广播的频率、电视的频道、计算机网络、手机移动网络、卫星网络等。媒体产业中的渠道资源一向都属于稀缺资源。虽然目前国际互联网已经普遍发达，数字新媒体技术也已日趋成熟，但信息渠道资源还是没有摆脱有限与稀缺的局面。

比如，在传统媒体中，纸质媒介的版面是有限制的；而广播或电视媒体，由于它们的频率是基于卫星频道、微波频道或有线频道而建立的，所以频段有限，也是属于稀缺的公共资源。虽然目前广播电视已经实现数字化转型升级，但数字化后的广播电视的频率的稀缺性依旧没有改变。

国际互联网虽然可以容纳海量的传输信息，但依旧不能将其属性定义为无穷无尽的信息渠道。因为当下互联网的 IP 技术还未达到可以使网络 IP 地址无限增加的要求，现有的网络 IP 地址一旦分配完，而同时又没有颁布新的技术标准来替代的话，IP 地址就会成为稀缺资源而产生大规模交易。被称作"玉米"市场的域名交易就是在网络域名稀缺而不能无限分配的情况下产生的。手机等移动端媒体信息渠道资源也是相同原理，虽然其波段资源丰富但暂时还不能达到完全的无限分配。

## （三）广告资源

广告收入一直是媒体赖以生存和可持续发展的经济源泉，所以广告资源对于媒体来说十分重要。新媒体的出现在一定程度上调整了其收入构成，信息资源的出售成为新媒体的主要收入来源，但从本质上来说，新媒体依然没有完全摆脱必须依附于广告资源而获取经济收入的局面。因此，广告资源依旧是新媒体产业经济的重要一环。

经济基础决定上层建筑，由于媒体主要以广告作为收益来源从而哺育自己，而广告本身又是经济发展状况最直接的体现，所以媒体收入与经济发展状况紧密相关。在一定时间范围内，经济总量总是有限的，企业对于广告的投放计划数量也是有限的，所以哪怕各种数字新媒体为广告所准备的空间可以是无限的，但广告资源总量仍旧是有限的。有限必然引发竞争抢夺，各媒体为了自身发展考虑，就必须最大化获取广告资源。另外，发布广告的信息渠道虽然众多，但依旧有限。有人认为新媒体近些年发展势头迅猛，已经盖过了传统媒体，所以传统媒体已经失去了广告发布的主体地位。但实际上，传统媒体由于其公信力、权威性、专业性相比新媒体来说依旧具有优势，故其所能吸引到的广告资源依旧不可小觑。而且从目前的发展趋势来看，传统媒体已经在朝着新媒体化升级转型，它可以将新媒体的优势和自身的优势相结合，在这种情况下，我们有理由相信传统媒体的广告资源不输新媒体。总的来说，新媒体发展即使再迅速，其广告资源依旧是稀缺且有限的。

## （四）受众资源

在社会经济中，消费是拉动经济的三大马车之一，而消费行为必须由消费者来执行才能达到交易目的，推动经济向前发展。大众媒体也一样，其生产的媒体产品必须有相应的受众来购买、来观看它才能继续发展下去，而当今社会是一个信息社会，谁掌握了更多、更有效、更快的信息，谁就有可能掌握先机，所以毋庸置疑，受众对于新闻、广告等信息的需求是必然存在的。这样的供需关系虽然稳定，但在一定的时间范围内，受众总量仍旧有限，受众的注意力、时间、可支配收入（或称购买力）也是有限的，所以，各大媒体为了获得最多的受众资源从而获取最大经济效益就要尽可能吸引受众注意力、刺激其购买力。

当前数字新媒体发展势头迅猛，新旧媒体共同发展、激烈竞争，媒体信息市场一片繁荣。高德哈伯（Michael H. Goldhaber）认为，信息并不稀缺，在网络领域更是如此。网络信息不仅丰富，而且已经过剩。我们被信息所淹没，但是伴随着信息的流动，有一种有价值的稀缺资源也在网络空间流动，这种稀缺资源就是注意力，注意力经济才是网络经济的本质。

所以浙江工业大学的张雷教授对注意力经济作了这样的解释："注意力经济可以说就是通过明星体制等手段来吸引消费者与投资者的注意力获得利润的经济行为。"①

也就是说，新媒体产业中受众的注意力才是真正的稀缺资源。

## （五）品牌资源

关于品牌的概念，美国人亚历山大·贝尔（Alexander L. Biel）解释为："品牌资产是一种超越生产、商品及所有有形资产以外的价值，品牌带来的好处是可以预期未来的进账远超过推出具有竞争力的其他品牌所需的扩充成本。"②

余明阳、杨芳平对此作了进一步阐述："品牌是能给拥有者带来溢价、产生增值的一种无形资产，它的载体是用以和其他竞争者的产品或劳务相区分的名称、术语、象征、记号或设计及其组合，增值的源泉来自在消费者心智中形成的关于其载体的印象。"③

综上所述，无论对于哪种商品市场，对于品牌的竞争是一直存在的，大众传媒企业也不例外。有竞争就说明品牌资源的有限性和稀缺性，对于新媒体产业来说依旧如此。新媒体要获得品牌资源，就要不断塑造和树立自己优良的品牌形象，在利用信息为社会公众提供服务的过程中，要以提升自身在社会经济、政治、文化以及在社会中的影响力为目标，从而打造一个受到公众肯定、信任和支持的品牌形象。品牌影响力越大，获取的公众信任度、支持度就越高，品牌价值就越大；而品牌价值越大，其影响力就越大，公众的信任度和支持度随之越高，长此以往的坚持，再随着时间的积累，这样的媒体最终会在市场竞争中脱颖而出，在媒体市场上占有一席之地。

---

① 张雷. 注意力经济学［M］. 杭州：浙江大学出版社，2002.
② 余明阳，杨芳平. 品牌学教程［M］. 上海：复旦大学出版社，2009.
③ 余明阳，杨芳平. 品牌学教程［M］. 上海：复旦大学出版社，2009.

## 三、新媒体的产业群

目前，国内主要以新媒体生产环节（产业链）和新媒体类型两种方法与标准来划分新媒体产业群。

### （一）以新媒体生产环节（产业链）为标准划分新媒体产业群

迈克尔·波特（Michael E. Porter）在其《国家竞争优势》《群聚区和新竞争经济学》等论著中，提出了"产业群聚"和"群聚区"的概念。他的观点是：各国竞争优势形态，都是以产业群聚的面貌出现，当产业群聚形成时，一个国家（或地区）在最终产品、生产设备、上游供应及售后服务等方面，都会具有国际竞争的实力，而且很多产业群聚或具有国际竞争力的产业通常具有地理集中性[①]。而国内经济学学者龚勤林认为：产业链是各个产业部门之间基于一定的技术经济关联，并依据特定的逻辑关系和时空布局关系客观形成的链条式关联关系形态[②]。所以产业链最终是由供应商、制造商、分销商、零售商、用户终端构成的一个纵向功能链结构模式。

那么什么是新媒体产业链呢？殷俊等的观点是："新媒体产业链是指新媒体所经营的互不相同又互相关联的生产经营活动所构成的纵向功能链结构模式，即在新媒体内容产品的生产和交换过程中，从媒介的投资、生产、发行、流通一直到用户接收和消费过程中上下游不同部门间的链式联系。"[③] 如果做进一步解释，那么新媒体产业链主要由内容运营链节、网络运营链节和终端用户链节组成，即新媒体产业群可以分为内容运营产业群、网络（或渠道）运营产业群与终端用户产业群三大类。其中内容运营链节包括内容提供商、广告公司、客户、调研公司与内容运营商；网络运

---

① PORTER M E. Clusters and the new economiconomics of competition [J]. Harvard business review, 1998: pp. 77 – 79.

② 龚勤林. 论产业链构建与城乡统筹发展 [J]. 经济学家, 2004 (3): 121 – 123.

③ 殷俊, 袁勇麟. 新媒体产业导论——基于数字时代的媒体产业 [M]. 成都: 四川大学出版社, 2009.

营链节包括设备提供商、技术提供商与网络运营商；终端用户链节包括终端制造商、终端服务商与终端用户①。最终形成由内容、网络与终端构成的无数的上下游企业组成的新媒体产业群。

## （二）以新媒体类型为标准划分新媒体产业群

中国传媒大学的宫承波教授与翁立伟博士以新媒体的类型为依据将新媒体划分为网络媒体产业群、手机媒体产业群、互动性电视媒体产业群与新型媒体产业群四大类型，每一类产业群又包含了多种产业。

其中网络媒体产业群包括门户网站产业、搜索引擎产业、网络社区产业、即时通信产业、博客产业、播客（网络视频）产业、网络游戏产业、网络报纸产业、网络杂志产业、网络广播产业等；手机媒体产业群包括手机短信产业、手机彩信产业、手机彩铃产业、手机出版产业、手机广播产业、手机电视产业等；互动性电视媒体产业群包括数字电视产业、IPTV 产业等；新型媒体产业群主要包括城市彩屏产业、移动电视产业、楼宇电视产业等。②

# 四、新媒体产业的特征

## （一）知识密集

从造纸术、印刷术的发明到现在网络通信技术的高速发展，人类的信息传播方式一直在随着技术的革新而一次次大跨越式进步。可以说，科学技术是大众传播得以发展至关重要的前提。新媒体更是高新技术变革的成果，新媒体的产生和应用都需要建立在对知识和技术掌握运用的基础之上，在这个过程中，如果没有大量的人力资源投入和许多科学家、技术专家的贡献，新媒体一定是发展不到今天这种程度的。所以说，新媒体产业是一种知识经济，并且较为典型。

① 殷俊，袁勇麟. 新媒体产业导论——基于数字时代的媒体产业［M］. 成都：四川大学出版社，2009.

② 宫承波，翁立伟. 新媒体产业论［M］. 北京：中国广播电视出版社，2010.

上述所说，充分指明了新媒体是一种依靠脑力劳动创造价值的劳动密集型产业，新媒体核心技术与内容的生产主要体现在以下两个方面：一方面，新媒体应用了处于前沿学科尖端的高新技术，如移动通信技术、软件播放技术、数字技术、计算机网络技术等，这些技术都蕴含着庞大的知识量；另一方面，只有大量精通新媒体技术和新闻信息传播规律的专业人才才能利用他们的智力劳动将新媒体内容的开发与生产实践起来，所以说新媒体工作也是知识积累的过程。

## （二）创新性强

新媒体以"新"字命名来与传统进行区分，主要是因为它有其自身的创新性。新媒体的创新性主要体现为全新的技术支持与焕然一新的内容形态。首先，新媒体所运用的诸如现代数字技术、计算机网络技术、移动通信技术等都是在自身基础上不断升级与完善的，与此同时，利用这些技术，还可以不断开发和应用新的媒体技术，如由网络产生的一系列"客"媒体技术，它本身也在不断改进升级中。其次，与传统大众传媒技术一样有着革新性变化的是新媒体的内容生产，新媒体的内容是由数字技术生成的数字化文字、图片、图形、音频与视频，随后形成多媒体超文本，然后由计算机网络技术和移动通信技术来传输，这是一种全新的生产技术与生产流程。朝未来看，媒体融合所产生的融合媒体形态和融合媒体内容也在不断寻求创新。新媒体的创新性已经非常明显。

## （三）附加值高

鲍勃·梅特卡夫（Bob Metcalfe）提出梅特卡夫定律（Metcalfe's Law），即通信网络的价值是节点数或终端连线数的平方[1]。戴维·里德（David Reed）提出的里德定律解释得更明白：社交网站随着其规模的扩大，重要性的增强，其有效性也会指数般增长。换句话说，每个新用户都会增加网络的价值。[2] 无论是鲍勃还是戴维，他们都认为在以网络为基础

---

[1] 丹·吉摩尔. 草根媒体 [M]. 陈建勋，译. 南京：南京大学出版社，2010：122.

[2] http：//read. dang dang. con/content_ 1080022.

创造出来的新媒体的价值是非常庞大的。正因为新媒体产业发展需要大量技术、资金、人力、智力，所以它具有其他大多数产业所没有的高智力密集性，它所含有和创造的附加值也远远高于它本身所含的物质价值。因为新媒体涉及知识产权保护与垄断的技术发明以及文化创意设计，所以新媒体产业的价值不单单只是来源于创造性的劳动，还源于诸如知识产权转让、商业化生产利润、相关延伸产品利润等大量的附加值。这些附加值的多样与庞大，甚至已经超越了新媒体知识产品本身的价值。再者，新媒体所需的投资相对较少，但其收益潜力是无穷的，所以它的附加值更是难以估量。

## 五、我国新媒体产业的发展

截至 2017 年 12 月，我国网民规模达 7.72 亿，网络普及率达到 55.8%，超过全球平均水平（51.7%）4.1 百分点，超过亚洲平均水平（46.7%）9.1 百分点。[①] 我国网民规模继续平稳增长是网络和新媒体产业不断发展的原始推动力，特别是手机网民占比达到 97.5%[②]，移动网络促进的"万物互联"，不断丰富服务场景。以手机为核心的移动终端规模加速提升、移动数据量持续扩大，为移动互联网产业挖掘出更多的价值空间。

2017 年，我国境内外上市互联网企业数量达到 102 家，总体市值为 8.97 万亿人民币。其中腾讯、阿里巴巴和百度公司的市值之和占总体市值的 73.9%。以 BAT 为首的平台型新媒体企业，在中国的新媒体产业中占据绝对主导地位，它们的总资产增长率和无形资产增长率明显更高。这些平台型新媒体企业 O2O 的布局不仅各有侧重，还实行相互的并购和注资。比如，腾讯定位于智慧城市，重点布局交通、户政、出入境、生活缴费等公共服务领域；百度定位于人工智能平台，注资糯米网，重点布局团购、外

---

① 参阅 2018 年中国互联网络信息中心（CNNIC）在北京发布的第 41 次《中国互联网络发展状况统计报告》。

② 参阅 2018 年中国互联网络信息中心（CNNIC）在北京发布的第 41 次《中国互联网络发展状况统计报告》。

卖、酒店和村务等生活服务领域；阿里巴巴定位于智能商城，重点布局口碑网，发展商业超市、售货机、餐厅等线下零售领域。上市企业中的网络游戏、电子商务、文化传媒、网络金融和软件工具类企业分别占总数的28.4%、14.7%、10.8%、9.8%、5.9%。[1] 网络游戏产业在移动化、国际化、竞技化方面表现突出；而电子商务的服务模式、技术形态、赋能效力有了更大的创新；网络文化娱乐产业进入全面繁荣期，网络视频、网络大电影的收入提升；新媒体广告的市场结构进一步趋于稳定；《新一代人工智能发展规划》为我国人工智能发展提供了顶层战略依据，该领域也进展神速，现我国拥有人工智能企业500多家。

## 六、我国新媒体产业的政策

我国把发展网络新媒体作为推进改革开放和现代化建设事业的重大机遇，先后制定了一系列政策用以推进社会信息化进程。在中国政府的积极推动及明确的政策引导下，中国网络新媒体逐步走上全面、持续、快速的发展之路。

1997年，国务院颁布了《国家信息化"九五"规划和2010年远景目标》，提出通过大力发展互联网产业，推进国民经济信息化进程。2002年国务院颁布《国民经济和社会发展第十个五年计划信息化重点专项规划》，确定中国信息化发展的重点。同年，党中央在中国共产党第十六次全国代表大会上提出信息化带动工业化，以工业化促进信息化的战略。2005年，工业和信息化部颁布《2006—2020年国家信息化发展战略》，确定了互联网发展的重点。2006年，全国人民代表大会颁布《国民经济和社会发展第十一个五年规划纲要》，正式明确了推进三网融合，建构下一代互联网。2007年党中央召开中国共产党中央政治局会议，提出大力发展网络文化产业，在同年的中国共产党第十七次全国代表大会上，确立"发展现代产业体系，大力推进信息化和工业化融合，促进工业由大变强"的发展战略。

---

[1] 参阅2018年中国互联网络信息中心（CNNIC）在北京发布的第41次《中国互联网络发展状况统计报告》。

2012 年，工业和信息化部颁布《互联网行业"十二五"发展规划》；同年，国务院公布《国家"十二五"时期文化改革发展规划纲要》，鼓励互联网等新媒体建设，支持国有资本进入新媒体，做强重点新闻网站。2014年，中央全面深化改革领导小组第四次会议审议通过了《关于推动传统媒体和新兴媒体融合发展的指导意见》，明确要求顺应互联网传播移动化、社交化、视频化的趋势，积极运用大数据、云计算等新技术，发展移动客户端、手机网站等新应用业态。2015 年，中共中央办公厅、国务院办公厅印发了《关于推动国有文化企业把社会效益放在首位实现社会效益和经济效益相统一的指导意见》，再一次强调了互联网思维和跨媒体、全媒体的发展。2016 年，国家发展和改革委员会、工业和信息化部等 7 部委联合印发《关于下一代互联网"十二五"发展建设的意见》，公布其发展目标以及发展路线图和时间表。

上面这些政策的出台，加速了网络基础设施的建设，提高了互联网普及率，助力了一批具有国际影响力的网络新媒体骨干企业的形成，增加了千万级别的就业岗位，进一步增强了对消费、投资、出口的拉动作用以及对信息产业、高技术服务业、经济社会发展的辐射带动作用。

当然，我们也应看到网络新媒体产业的管理涉及电信、广电、文化、新闻等多个行政机构，尽管我国对新媒体类产业管制较为全面，但仍然存在管理过程中政策措施滞后、过时的现象。在新媒体技术、运营和服务方式的一系列变革中，也出现了种种尴尬局面，希望相关的政策和制度能同步完善，以解决这些问题。

# 第二节　新媒体经济中的重要理论

长尾理论是网络时代兴起的一种新理论，2004 年 10 月由美国学者克里斯·安德森提出。长尾理论认为，由于成本和效率的因素，当商品储存流通展示的场地和渠道足够宽广，商品生产成本会急剧下降以致个人都可以进行生产，并且商品的销售成本急剧降低时，几乎任何以前看似需求极低的产品，只要有卖，都会有人买。这些需求和销量不高的产品所占据的市场总份额和主流产品的市场份额差不多，甚至更大。

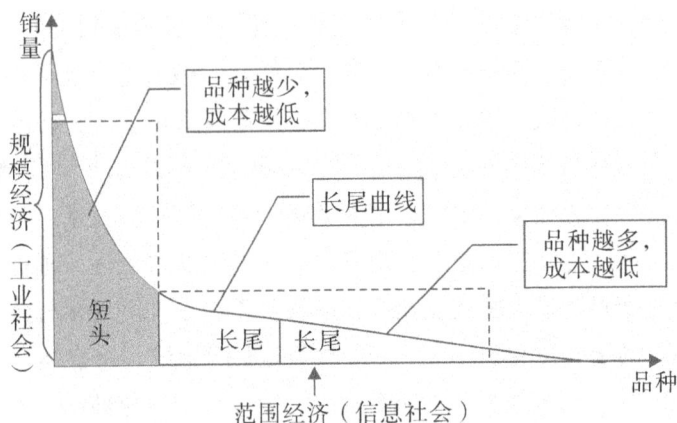

上面这张图，横轴是品种，纵轴是销量。典型的情况是只有少数产品销量较高，其余多数产品销量很低。传统的二八定律（1897年意大利经济学家帕累托归纳出的一个统计结论，即20%的人口享有80%的财富）关注其中深色部分，认为20%的品种带来了80%的销量，所以应该只保留这部分，其余的都应舍弃。长尾理论则关注长尾巴部分，认为这部分积少成多，可以积累成足够大，甚至超过深色部分的市场份额。简单地说，长尾理论是指商业和文化的未来不在于传统需求曲线上那个代表"畅销商品"的头部，而是那条代表"冷门商品"、经常为人遗忘的长尾。举例来说，一家大型书店通常可摆放10万本书，但亚马逊网络书店的图书销售额中，有1/4来自排名10万以后的书籍。这些"冷门"书籍的销售比例正高速成长，预估未来可占整个图书市场的一半。这意味着消费者在面对无限的选择时，真正想要的东西和取得的渠道都出现了重大的变化，一套崭新的商业模式也跟着崛起。

## 第三节　新媒体企业运营

理解新媒体产业不单要从以上的宏观解释角度去掌握，还需要具体分析新媒体企业的融资、盈利、成本、营销与扩张等微观层面的经济问题。

# 一、新媒体企业的融资方式

新媒体企业是一种特殊企业，纵观其融资案例可以发现即使其融资方式复杂多样，也大体可以分为直接融资与间接融资两大类型。除此之外，"风险投资"这种新型且被经常运用的融资方式也是新媒体企业融资过程中不可忽视的一类，它不一定会通过金融机构来完成，是一种混合型的融资方式。

## （一）新媒体企业的直接融资

新媒体企业的直接融资指直接由新媒体企业与资金的供应者双方而不通过金融机构，借助融资手段实现资金转移的融资活动。新媒体企业的直接融资的主要形式有联营投资、发行债券、吸收直接投资（如政府或其他基金、合伙出资等）、商业信用融资（一般包括应付账款、应付票据、预收账款等）、并购重组融资、留存收益融资等。除了发行债券的融资方式我国的新媒体企业很少甚至未见使用外，其他直接融资的方式都极为常用，尤其是通过上市发行股票，而且在美国资本市场上市融资成为我国网络媒体公司等新媒体企业最常用的融资方式。

## （二）新媒体企业的间接融资

新媒体企业的间接融资是指新媒体企业借助于银行等金融机构进行的融资。在整个融资过程中涉及新媒体企业、资金供应者和金融机构三方面的利益，资金先从资金供应者手中转到金融机构，再由金融机构提供给新媒体企业。新媒体企业的间接融资的主要形式有银行借款、非银行金融机构（如租赁公司、保险公司、信托投资公司、证券公司、信用社及企业集团财务公司等）借款、融资租赁等。虽然间接融资是社会交易成本相对节约的融资方式，也是目前我国一般商业企业最为重要的融资方式，但在新媒体企业的融资过程中常常因为新媒体企业处于初创期，可能会出现盈利不足而没有足够的担保与信用，从而使金融机构不愿意向新媒体企业提供资金借贷。

### （三）新媒体企业所获得的风险投资

社会对风险投资（Venture Capital，简称 VC）的理解有十多种，其中有代表性的如：全美风险投资协会（NVCA）对风险投资的定义是："由专业投资者投入到新兴的、迅速发展的、有巨大竞争潜力的企业中的一种股权性投资。"而经济合作发展组织（OECD）对风险投资的定义是："属于下列情况的都是风险投资：第一，投资于以高科技和知识为基础，生产与经营技术密集型的创新产品或服务的投资；第二，专门购买在新思想和新技术方面独具特色的中小企业的股份，并促进这些中小企业的形成和创立的投资；第三，一种向极具发展潜力的新建企业或中小企业提供股权资本的投资行为等。"还有欧洲风险投资协会（EVCA）对风险投资的定义是："一种由专门的投资公司向具有巨大发展潜力的成长型、扩张型或重组型的未上市企业提供资金支持并辅之以管理参与的投资行为。"① 但从本质上说，风险投资主要是由专业的风险投资公司专门为具有巨大发展潜力与营利前景的、初创的高新技术中小企业提供资本，并参与管理，做到利益共享、风险共担的一种权益投资方式。风险投资既可以是直接投资，也可以是提供贷款或贷款担保，或者是在提供一部分贷款或担保资金的同时投入一部分风险资本购买被投资企业的股权。而以网络媒体公司为代表的新媒体企业正好符合风险投资的条件与需求，因此，我国大多数运营良好的各类新兴网络媒体企业都很快获得了相当规模的风险投资，甚至风险投资已经成为我国新媒体企业最常见、最普遍的一种融资方式。

## 二、新媒体企业的盈利方式

亚德里安·斯莱沃斯基等关于企业盈利模式的解释是：发现行业的利润区，关键在于发现行业盈利要素以及要素之间的"匹配度"，匹配度高，体现为高利润区，其他或是平均利润区或者是低利润区和无利润区。他进一步解释：企业的盈利方式主要是根据客户选择、价值获取、战略控制与

---

① 汪伯文，付强. 风险投资的代理经济学分析 [M]. 成都：西南交通大学出版社，2008.

业务范围四个要素来设计的。①

粗略计算，以数字化为特征的新媒体已经历了近 20 年的发展。在这个过程中新媒体形成了四个要素，分别是客户选择、价值获取、战略控制与业务范围，基本的盈利方式主要有出售新媒体内容、广告资源等产品，以及提供电子商务、渠道服务、增值服务，并逐渐趋于稳定。

## （一）出售新媒体内容产品

自传统媒体出现以来，出售内容产品、提供有偿信息内容是不变的主要盈利方式之一，学术、业界也都一直将其作为研究重点。但新媒体与传统媒体不同，获取新媒体信息内容多数情况下不像获取传统媒体信息内容那样需要一次次的主动购买，它的优势就在于获取信息的低门槛和对于信息的开放性，除少数知识内容需要付费，大多数内容产品都可以免费获取，因此，大部分新媒体企业都还没能全面实现通过出售内容产品来实现获利。

但不能排除的是某些专业性较强的资源网站，其所属企业完全可以通过对其用户进行有偿服务来获利，比如在线音乐的付费下载、在线视频的付费观看、书籍的下载、游戏的有偿参与、VIP 会员制等形式，其中美国在线音乐内容出售模式有流量定购模式、音乐锁定模式以及苹果公司推出的 iPod + iTunes 模式等。②

## （二）出售新媒体广告资源

传统媒体的主要收入来源是出售广告资源、有偿提供广告的空间与时间。实践证明，出售广告资源也是新媒体企业的重要收入，甚至是主要收入。无论是做内容的网络企业（如携程网等）、买内容的网络企业（如腾讯网等）、搜集内容的网络企业（如今日头条等），还是用户贡献内容的网络企业（如知乎等）、内容搜索网络企业（如谷歌、百度等），都是通过内容吸引网民、提升点击率，从而获得商业企业的广告投放。

新媒体广告的形式也多种多样，其中殷俊等人认为：新媒体广告有影

① 亚德里安·斯莱沃斯基，大卫·莫里森，劳伦斯·艾伯茨，等．发现利润区 [M]．凌晓东，译．北京：中信出版社，2010.

② 吴小坤，吴信训．美国新媒介产业 [M]．北京：中国国际广播出版社，2009.

视广告、动画广告、旗帜广告、植入式广告、贴片广告、网上直播广告、点播广告、按钮广告、等候页面广告、搜索引擎广告、手机广告等形式。而新媒体学者石磊则认为，新媒体广告有品牌图形广告、付费搜索引擎广告、视频广告、富媒体广告、页面关键字广告、社区营销广告、游戏内置广告等。实际上，新媒体的内容与形式一直在不断涌现出新，其广告形式也不例外。新媒体的广告资源一直在被不断地开发利用，不仅仅是从报纸、杂志、广播、电视等传统媒体的广告资源分流而来，甚至有成为主要广告媒体之趋势。

然而，消费者通常对传统的商业广告表示不愿意接受，所以到了新媒体时代，营销人员通常会采取以非广告的形式来传播广告，比如将商业广告植入到某一专业知识性文章中，或是以新闻的形式发布等。这对于新媒体来说，是挑战也是机会，而在这之中最重要的一点就是要建立内容的真实性，即可信的内容、值得信赖的品牌、可靠的商业信息。安德鲁·基恩曾对这种真实性作出界定：这种"真实性完全是虚构的"。[①]

## （三）提供电子商务

电子商务中介服务是指，为生产企业与消费者提供在线广告、信息、交易与支付的信息中介服务，企业通常通过此服务收取一定的手续费以实现盈利。现在越来越多的新媒体企业具备了电子商务的功能，可以为企业与个人提供电子商务服务。电子商务主要是由信息流、资金流、物流以及商流构成。根据服务对象的差异，电子商务可以分为 B2B（企业对企业，Business-to-Business），B2C（企业对消费者，Business-to-Customer）、C2C（消费者对消费者，Customer-to-Customer）三大类，如阿里巴巴就可以提供以上三种类型的电子商务中介服务。此外，微支付（Micropayment）也是新媒体特有的电子商务服务形式之一。微支付也就是在互联网上进行的小额资金的支付，主要有"定制与预支付""计费系统与集成""储值方案"三种形式，普遍用于网络和手机的有偿下载、有偿阅读、有偿观看与有偿

---

① 安德鲁·基恩. 网民的狂欢：关于互联网弊端的反思［M］. 丁德良，译. 海口：南海出版公司，2010.

参与等小额资金支付的服务。如亚马逊的电子书下载阅读服务，每本书的价格普遍较纸质书低很多，还有网易蜗牛阅读，一小时内免费阅读，超时一天收费 1 元。

### （四）提供渠道服务

提供渠道服务，就是为新媒体企业，尤其是信息渠道运营商搭建好通往受众的有效渠道后，通过这个特有的渠道向受众销售商品或提供服务，从而获取收入，包括会员费、流量下载费、收视费、月租费、通信费等。其中 SNS 社区以及手机媒体、数字广播、数字电视与网络媒体等具有垄断性的新媒体信息传输网络渠道运营商，就是通过渠道服务实现盈利的，如电子邮箱的 VIP 收费，游戏币、Q 币、数字广播、数字电视、IPTV 等收费，手机运营商的月租费和短信服务费，甚至有些新媒体企业还收取一些特殊服务费等，尤其是网络游戏、手机游戏和手机短信渠道服务的收入随着游戏市场、手机用户规模空前的扩大而快速增长并成为以亿计的巨额数字。

### （五）提供增值服务

目前对于增值服务（Value-added Logistics Service）还没有统一的定义，但大体来说可以将其理解为根据客户需要，为客户提供超出常规服务范围的服务，或者采用超出常规的服务方法提供的服务。客户、促销、制造、时间等要素都可以成为增值服务的核心对象。这个定义对于新媒体来说就是，新媒体企业以客户为核心或以促销为核心向消费者提供超出其常规的服务范围或服务方法的服务，以此开辟新的收入来源。运用增值服务的趋势已经越来越强，因为受众习惯了接受免费的新媒体内容，所以如果要在此基础上进行创收，就需要动用增值服务。

## 三、新媒体企业的微内容生产

媒体企业的核心要素是内容生产，也是企业成本投入的最主要部分，内容生产是企业运营管理的关键。根据现代内容生产的理论，内容生产分为宏内容与微内容。其中，宏内容是指由专业人员在专业机构中制作并经由专门渠道发布的信息产品，由于成本较高、资源有限（如版面、时段等），其传播必然遵从以尽可能少的内容服务于尽可能多的消费者的传播模式。①

对于微内容，学者们在网站 Cmswiki 上给出的定义是：最小的独立的内容数据，如一个简单的链接，一篇网络日志，一张图片，一段音频，一段视频，一个关于作者的、标题的元数据，e-mail 的主题，RSS 的内容列表等。② Joi Ito 给出的定义是：微内容是指在网络上至少拥有一个唯一编号或地址的元数据（Metadata）和数据的有限汇集。Web 2.0 的信息传播是以微内容为基础，通过聚合、管理、分享、迁移，以进一步组合成各种个性化的丰富应用③。一部分内容主要是由报纸、杂志、广播、电视、通讯社等传统大众传媒企业及部分网络新媒体企业所生产，另一部分内容主要是由众多网络新媒体企业所生产。

克里斯·安德森在著名的《长尾理论》中提到，长尾的三种力量在于生产工具的普及、通过普及传播工具降低消费的成本、通过连接供给与需求将新产品介绍给消费者④。长尾的商业法则主要是通过让存货集中或分散和让顾客参与生产来降低成本，通过多种传播途径、多种产品、多种价格来考虑与开拓小市场，通过分享信息、考虑"和"不考虑"或"、让市场替你做事、利用免费的力量来摆脱控制⑤。利用这一点，数字新媒体尤其是网络新媒体企业的内容生产是在采购传统媒体企业内容（有的干脆非法复制、转载或链接传统媒体企业的内容）的基础上，极力吸引广大受众参与，如社区网站、微博、美拍、抖音、梨视频、维基百科、百度百科等为消费者参与生产的微内容。其中《东方早报》前社长、澎湃新闻前 CEO 邱兵所创办的梨视频采用了"UGC + PGC"的模式，UGC 的表现是 2017 年底梨视频网罗的全球拍客已达到 4 100 人，PGC 则体现在了梨视频仍然是一个比较严肃的、能有一定理想主义色彩和职业操守的平台，对原创内

① 石磊. 新媒体概论［M］. 北京：中国传媒大学出版社，2009.
② http：//www. Cmswiki. Wikispace.
③ http：//joiwiki. Ito. Com/joiwiki/.
④ 克里斯·安德森. 长尾理论［M］. 乔江涛，译. 北京：中信出版社，2006.
⑤ 克里斯·安德森. 长尾理论［M］. 乔江涛，译. 北京：中信出版社，2006.

容的生产和再生产，还是严格按照传统媒体的办法，包括话题策划、审核、调性，都是侧重显示新闻的力量。总体而言，相较以往的传统媒体的宏内容生产模式，微内容的生产模式的生产成本已经大大降低。

## 四、新媒体企业的营销与推广

营销与推广是企业的一种经济行为，通常是指工商企业组织以各种市场推销手段向顾客宣传产品，以激发他们的购买欲望和行为，扩大产品销售量，提升企业形象，树立产品品牌的一种经营活动。

新媒体企业虽然自身就是通过市场交易来盈利以及营销与推广的新型渠道，但是新媒体企业自身也需要开展相应的营销与推广活动。新媒体企业可以通过策划来实施线下与线上相结合的营销推广方式，也可以通过名人效应、新闻事件、公益活动等公共关系来营销与推广。另外，由于新媒体企业自身所带有的渠道属性，更应充分利用这一方面的优势来为自己做营销与推广，如手机新媒体有手机广告营销与推广，也有手机信息营销与推广；网络新媒体则有搜索引擎、交换链接、网络广告、邮件列表、许可e-mail 营销、消息发布、会员制营销、网上商店、在线调查、BBS 营销、博客营销、微博营销等众多新的营销与推广方式。其中搜索引擎又包括登录免费分类目录、登录付费分类目录、搜索引擎优化、关键词竞价排名等方式，网络广告也包括关键词广告、网页内定位广告、Banner 广告、类广告、赞助式广告、e-mail 广告等方式。此外，口碑营销（Internet Word of Mouth Marketing，简称 IWOMM）在网络新媒体平台上也很盛行，它之所以被业内人士称为"病毒式营销"，主要是由于其所具有的传播速度和影响力，能像病毒一样传播扩散迅速且受众广泛，而且"化整为零""潜移默化"让它不像完全定义上的广告宣传那么明显而高调，而是在无形之中对大众产生深刻影响。在这个社交网络盛行的时代，口碑营销往往最具说服力。最典型的就是淘宝网站上的淘宝社区功能，在淘宝社区，卖家可以增加自己店铺和商品的曝光率，以吸引顾客流量，赢得自己的口碑，买家也可以在淘宝社区通过查看商品详情页面上的购买人评论，即查看他人购买产品后的反馈意见来掌握更多商品信息。淘宝社区是社交网络与电子商务的典型。

要在新媒体广告营销中取得成功就要关注消费者个体、重视市场调查的力量、运用整合营销，实现"SoLoMo + CloGlo"。2011 年 2 月，美国 KP-KPCB 风险投资公司合伙人约翰·杜尔（John Doerr）第一次提出了"SoLoMo"这个概念。他把最热的三个关键词整合到一起：Social（社交）、Local（本地化）和 Mobile（移动），让"SoLoMo"成为新媒体的主要发展趋势之一。而"CloGlo"代表需要支持 Cloud 云计算和 Global 全球化战略思维，能采集所有主流媒体的网站、行业化的网站的数据，甚至是地方性特色网站的数据。"CloGlo"为"SoLoMo"的实现提供强大的社会化数据。

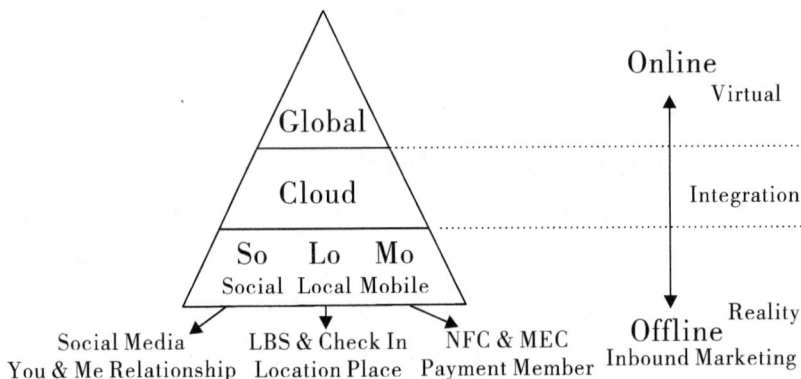

## 五、新媒体企业的扩张与并购

市场竞争中优胜劣汰是最常见的现象，而这种现象最直接的表现形式就是扩张与并购。任何产业中都存在着竞争行为，只有竞争才能激发产业潜能，使产业不断向前发展，这一点对于日趋发展壮大的新媒体产业尤其重要。新媒体企业为了在竞争激烈的产业群中寻求生存、发展乃至成为市场领先者，对其自身进行扩张和向外并购是最常见不过的现象。目前，新媒体企业对于盈利方式的探索日趋成熟，盈利能力总的来说也有了明显提升，在这个过程中，新媒体企业之间的竞争也愈演愈烈，市场份额的占取、主导或操控市场价格和产业利润的能力都是新媒体企业所追求的，而要做到这些，就必须利用各种手段吸引投资，扩大生产与规模，增设网点，甚至兼并、收购处于竞争劣势的同类或异类企业，实现集团化发展，以发展规模经济。其中新媒体企业同类并购案例，如搜狐兼并 Chinaren. com，Tom. com，并收购 163. net，携程网收购现代运通和北京海岸航空服务公司，亚马逊收购卓越网，阿里巴巴收购雅虎中国，优酷与土豆并购等；还有新媒体企业异类并购，如美国在线与时代华纳的并购等。

# 第四节　分享经济

2002 年，26 岁的美国人路易斯·安（Luis Von Ahn）发明了验证码。当时《纽约时报》有个头痛的任务：把 100 多年的报纸电子化。路易斯发现，每一天全世界有几亿个验证码在被校验，他灵机一动，把《纽约时报》的文章切成很多个小片当作验证码发给全世界，结果每个人在使用验证码时不知不觉中就完成了文章的输入和校对。于是，《纽约时报》上百年的报纸都电子化了。2009 年他的公司被谷歌收购，这项技术被用于谷歌文库的扫描。一个比书还小的验证码，却做出了一门持续的大生意。这个事例可能是分享经济的一个雏形，通过互联网，把终端用户引入产业链的前置流程和后续环节，借力网络消费者，完成一些企业花钱、花资源才能完成的事，实现众智、众包。

分享经济（Sharing Economy）是指将社会海量、分散、闲置的资源平台化、协同化地集聚、复用，并与供需匹配，从而实现经济与社会价值创新的新形态。它的两个核心理念是"使用而不占有"（Access over Ownership）和"不使用即浪费"（Value Unused is Waste）①。在分享经济中：一要有所有权和使用权的分离，就像滴滴打车，车不是搭车者自己的，但是达到了搭车的目的；二要提供者有低成本的产品提供，比如是闲置的资源被其他人利用起来；三是要有一个平台保证低成本产品的质量。

## 一、分享经济的典型案例

### （一）单车分享

很多年前，不同的政府部门就推行过一种出行方式：公共自行车，但并未火起来。2016年4月，摩拜单车在上海上线，用户在App上实名注册并缴纳299元保障金后即可租用一辆橙色的摩拜单车。在中国一二线城市里，它很快成为人人点赞的酷炫出行方式。摩拜单车的"复活秘诀"是将共享经济理念更进一步：它不设固定桩位，用户只需扫描二维码，就可自动给单车解锁并使用，到达目的地后再手动上锁即可。如此，用户可在任何规定位置内使用并停放单车，且骑行费用仅为半小时1元，微信或支付宝支付即可，体验流畅便捷。大受用户欢迎的摩拜单车迅速得到资本市场的青睐。而在2018年4月3日晚，摩拜就美团收购案举行股东会议，最终确定美团以35%的美团点评股权（11亿美元）、65%的现金（16亿美元），共计27亿美元全资收购摩拜单车。

---

① 佚名.《滴滴：分享经济改变中国》解剖最具想象力的新经济形态［EB/OL］.新华网［2016 - 06 - 26］. http：//wwwxinhuanet. com/book/2016 - 06/06/c_129043319. htm.

## （二）汽车分享

"滴滴出行"由"滴滴打车"更名而来，它涵盖出租车、专车、快车、顺风车、代驾及大巴等多项业务。滴滴出行 App 改变了传统用车方式，引领了移动互联网时代下的用户快捷方便的出行方式。对比传统电话召车与路边招手打车来说，滴滴打车的诞生更是改变了传统用车市场格局，颠覆了路边招手打车概念，利用移动互联网特点，将线上与线下相融合，从打车初始阶段到下车使用线上支付车费，画出一个乘客与司机紧密相连的O2O 完美闭环，最大限度优化乘客打车体验，让司机根据乘客目的地按意愿"接单"，节约司机与乘客的沟通成本，降低空驶率，最大化节省司机与乘客双方的资源与时间。

但滴滴出行也面临不同的声音：它的火爆，让专车司机、快车司机成为新兴职业，黑车司机可能转化成为滴滴专职司机，不少人买车加入滴滴司机阵营，结果分享经济的愿景没有实现，反而增加了社会车辆的数量和车辆上路的频率，让原本就有限的社会交通资源超负荷运行，更易造成交通拥堵，增加管理难度。汽车出行分享经济的核心是道路资源的稀缺性，车辆本身是弹性的变量，而道路资源的稀缺却是恒量，所以真正的分享出行应是不增加额外的道路运载负担，通过分享释放出额外的道路资源以利于整体车辆的通行。因此，顺路拼车才是真正意义上的分享出行，专注于顺路搭乘，具有低价舒适、绿色环保等优势，是对司机及乘客都有利的出行模式，并成为解决道路拥堵的新途径。所谓"顺路"其实就是去除"职业"，确保不增加道路资源负担。

## （三）房屋分享

国内短租业也已经过好几年的探索，小猪短租、蚂蚁短租等一批民宿分享平台浮出水面，其更多是在将房东与房客进行信息撮合。但在 2016年，途家的一系列"大动作"却在搅动这一以 C2C 为主的行业规则，并大获认可。途家更进一步的思考是：大力发展个人房源时，要看到国内普遍不高的个人房源质量与房客们较高服务要求之间的矛盾。基于此，途家将一部分精力投向高质量闲置房源共享上。线下，途家将五星级酒店式管理体系进一步统一推行，并先后收购蚂蚁短租、并购携程和去哪儿公寓民宿业务，整合提升优质房源；线上，则推出途立方平台，为开发商和购房业主优化升级住宿分享解决方案。市场对其的反馈则是，目前民宿市场份额中，途家高居榜首，房源质量认可度也最高，创下了单日订单破 56 000 间的行业最高纪录。更重要的是，途家带来了"把闲置房屋做成高级酒店"的行业新规则。在 Airbnb 新模式带来的冲击下，这一更符合本土现状的新规则，或将让国内短租企业与巨头交手时胜算更大。

## （四）知识分享

打破旧有知识传授模式，共享经济在知识领域的分享早已不是新鲜事，例如知名的维基百科和知乎。但 2016 年里，最值得称道的则是将知识分享进一步提升至知识传授的在行和分答，这对线下、线上"双胞胎"，利用分享经济将知识传授变得更加有趣，也让知识更值钱。通过在行，任何在领域内存有疑惑和未知的人，都可在支付一定费用后，与相关大名鼎鼎的行家大咖面对面真切交谈，听其答疑解惑，传授经验知识。在行的纯线上产品——分答，则首创线上付费语音问答机制，有需求者付费邀约某一行家后，后者以语音形式回答问题。在行和分答这种打破旧有受时空和社会环境限制的知识传授模式，受到空前热捧，吸引了王思聪、章子怡、李银河、贾跃亭、茅于轼等知名人士的加入，然而目前的辉煌不复昔日。对于绝大多数用户来说，初期对于分答的兴趣出于好奇，明星、网红让平台具有一定的游戏性质，但并不代表平台能够成为绝大多数知乎用户实现知识变现的路径。在影视、音乐等内容方面，新媒体已经培养了一大部分愿意在影音领域付费市场为知识分享付费的用户，如果想在知识分享领域形成长期可持续的付费服务，平台需要在所谓大 V 或明星之外探索新的路径或建立新的机制。

## 二、分享经济的特点

### （一）技术特征

基于互联网平台。互联网尤其是智能终端的迅速普及，使得海量的供给方与需求方得以迅速建立联系。互联网平台并不直接提供产品或服务，而是将参与者连接起来，提供即时、便捷、高效的技术支持、信息服务和信用保障。离开互联网，现代意义上的分享经济将不复存在。

### （二）主体特征

大众参与。足够多的供给方和足够多的需求方共同参与是分享经济得以发展的前提条件。互联网平台的开放性使得普通个体只要拥有一定的资源和一技之长，就可以很方便地参与到分享经济中来。同时，分享经济属于典型的双边市场，即供需双方通过平台进行交易，一方参与者越多，另一方得到的收益越大，两个群体相互吸引、相互促进，网络效应得到进一步放大。在分享经济中，参与者往往既是生产者又是消费者，个体潜能与价值得到极大发挥。

### （三）客体特征

资源要素的快速流动与高效配置。现实世界的资源是有限的，但资源闲置与浪费也普遍存在，如空闲的车座、房间、设备、时间等。分享经济就是要将这些海量的、分散的各类资源通过网络整合起来，让其发挥最大效用，满足日益增长的多样化需求，实现"稀缺中的富足"。

### （四）行为特征

权属关系的新变化。一般而言，分享经济主要是让所有权与使用权分离，采用以租代买、以租代售等方式让渡产品或服务的部分使用权，实现资源利用效率的最大化。从实践发展看，分享经济将渗透更多的领域，股权众筹等业态的出现已经涉及所有权的分享。

### （五）效果特征

用户体验最佳。在信息技术的作用下，分享经济极大地降低了交易成本，能够以快速、便捷、低成本、多样化的方式满足消费者的个性化需求。用户评价能够得到及时、公开、透明的反馈，并会对其他消费者的选择产生直接影响，这将推动平台与供给方努力改进服务，注重提升用户体验。

过去是一个物权时代，很多人都尽最大的努力想获得一套属于自己的房子、一辆自己的汽车……人们不断膨胀的占有欲一直支撑着传统经济的有序运行。然而，随着新技术的不断涌现及社交网络的兴起，分享经济通过技术手段实现了所有权与使用权的分离，让大量闲置资源得到充分利用，这种全新的经济理念正在颠覆传统的商业模式。凯文·凯利在2015年出版的《必然》中就告诉我们："将从未被共享过的东西进行共享或者以一种新的方式来共享，是事物增值最可靠的方式，未来30年最大的财富会出现在这一领域。"

# 第九章　新媒体法规与伦理

## 第一节　新媒体传播与版权

随着网络、手机等新媒体的涌现及普遍使用，新媒体呈现出新的规则与特点并冲击着旧有的相关法律规范，尤其是知识产权法律规范。因此，国际社会与世界各国纷纷通过修订已有法律或制定新法律与规范来强制规范新媒体的创办、经营与使用，并通过国家法规或部门规章来惩罚与新媒体有关的犯罪行为。

### 一、新媒体传播中的版权开放（Copyleft）

以网络、手机为代表的数字化新媒体创造性作品的特点是版权开放，即作品全面向公众开放，只要拥有专门的许可证，任由用户自由复制、发布、修改和免费使用，实现知识的共享，并形成了版权开放新的规则。

#### （一）版权开放的提出

根据自由软件运动发起者理查德·斯托曼（Richard Stallman）的解释，版权开放起源于《GNU 操作系统与自由软件运动》的一个小脚注。理查德·斯托曼在《GNU 操作系统与自由软件运动》一文中，用一个小脚注说明了 Copyleft 一词的由来：那是在 1984 年或 1985 年，Don Hopkins（一个非常富于想象力的家伙）给我寄了一封信，在信封上他写了一些逗乐的话，其中包括"Copyleft – All Rights Reversed"①。于是，我就用 Copyleft 一词命名当时我正考虑的软件发行概念。②

国内对 Copyleft 的翻译有四种代表性的观点：其一是洪峰和夏昊在合译《GNU 操作系统与自由软件运动》中，把 Copyleft 翻译为版权暂无，并很快成为流行观点；其二是姜奇平在一篇名为"知识经济，主权在谁？"的文章中，把 Copyleft 翻译为非版权③；其三是云南师范大学的贾星客在主持的课题"从信息哲学角度对自由软件运动的综合研究"中，把 Copyleft 翻译为左版④；其四是徐剑在"数字媒体的版权开放研究"中，把 Copyleft 翻译为版权开放⑤。

## （二）版权开放的内涵

根据斯托曼的解释，版权开放利用了版权法，但反其道而行之，已达到与通常相反的目的：将一种保持软件私有化的手段转变成了保持软件自由的手段。可见，版权开放是针对版权所有和垄断而采取的反垄断的措施，但是并不意味着就完全丧失了版权，因为版权既有所有权、复制权、发行权，还有向公众传播权、人身权与经济权。作者所创造的作品免费向公众开放，让公众免费使用，虽然放弃了与版权财产权有关的复制权和发行权，但是作品版权的人身权如身份权则坚持己有。同时在 Copyleft 这种新型版权的保护下，财产权（复制、发行等）通过契约的方式（以 GPL 为代表的软件许可证）向受众公开，受众在受益的同时必须许诺：根据该作品演绎的其他作品也必须按照同样的版权开放模式公布。软件所有者在开放自己版权的同时，也强调据此衍生作品的版权开放性，从而形成一个分布式的版权开放网络，由此达到知识共享的目的。⑥

---

① 相对于 All Rights Reserved 与 Copyright@ 20××–20×× Publications, Inc., 笔者注.

② STALLMAN. The GNU project [EB/OL]. http://www.gnu.org/gnu/thegnuproject.html.

③ 姜奇平. 知识经济，主权在谁？ [EB/OL] http://tech.sina.corn.cn/it/e/2001 – 12 – 23/, 97047. shtml.

④ 贾星客，李极光，陈路. 论左版 [J]. 云南师范大学学报（哲学社会科学版），2002（1）：13 – 19.

⑤ 蒋宏，徐剑. 新媒体导论 [M]. 上海：上海交通大学出版社，2006.

⑥ 蒋宏，徐剑. 新媒体导论 [M]. 上海：上海交通大学出版社，2006.

## 二、国外有关新媒体版权的法律规范

版权是新媒体产业的核心权利，世界主要国家都在《世界知识产权组织版权条约》和《世界知识产权组织表演和录音制品条约》的基础上出台了有关网络领域数字化传播的版权保护的法律规范。其中最具代表意义的是美国的《数码版权千禧法案》（*Digital Millennium Copyright Act*，简称DMCA）。

美国的《数码版权千禧法案》于1998年10月获得美国国会通过，并由克林顿总统批准实施。该法案包括世界智慧财产权组织条约执行法案（WIPO Treaties Implementation）、网络著作权侵害责任限制法案（Online Copyright Infringement Liability Limitation）、计算机维修竞争确保法案（Computer：Maintenance or Repair Copyright Exemption）、综合规定（Miscellaneous Provisions）、原始设计的保护法案（Protection of Certain Original Designs）共五个部分。根据台湾学者章忠信的翻译①，该法案重点内容是：①网络服务业者责任之限制；②允许维修过程中对于计算机程序之暂时性重制；③厘清美国著作权局对相关政策之职权；④延伸数字化广播暂时性录制之例外；⑤要求美国著作权局向国会提出有关通过数字化科技促进远距离教学之建议；⑥延伸现有对于图书馆与档案机构之例外规定；⑦延伸录音著作演出之法定授权至数字化传输；⑧引进有关集体谈判协议下电影著作权利转让契约之相关推定；⑨传播设计之著作保护。

针对新媒介产业还有更进一步的规定：对版权的拥有者和网络服务商均给予力所能及的保护，包括图书馆员、教育机构、网站主人、网络用户、网上广播者等在内的任何粘贴或下载受保护资料的个人或组织，都要付费。其中最重要的条款②是：①将大多数商业软件的盗版行为定性为犯罪行为；②认定生产、销售或传递用于非法复制软件的解码装置为违法行

---

① 章忠信. 美国一九九八年数字化千禧年著作权法案简介［J］. 万国法律，1999（107）：25－42.

② 吴小坤，吴信训. 美国新媒介产业：世界传媒产业评论（第3辑）［M］. 北京：中国国际广播出版社，2009.

为；③允许将破坏版权保护的装置用于研究编码、增强产品抗盗版性能和测试计算机安全系统；④总体上减轻互联网服务商在单纯传递信息过程中的侵犯版权责任；⑤互联网服务商有义务删除网上被确认侵犯版权的材料；⑥非营利性的高等教育机构，在通过互联网向教学人员和研究人员提供享有版权的材料时，可以免责或减轻责任；⑦网络广播在播放音乐作品时必须向相关唱片公司缴纳许可费用；⑧要求版权注册商在征询有关方面意见后，向国会递交建议，以探索如何维持在保护版权和满足用户需求平衡的基础上，推广远程电子教育。

此外，基于侵权防范方面的考虑，《在线版权侵权责任限制法》对互联网服务提供者（Internet Service Provider，简称 ISP）提出了责任权限要求，"避风港"主要有 ISP 仅作为暂时性数据网络传输（Transitory Digital Network Communication）、系统自动存取（System Caching）、根据用户批示存取信息（Information Residing on System or Networks at Direction of Users）、信息搜索工具（Information Location Tools）。

# 三、中国新媒体传播中的版权

## （一）现行版权法规在新媒体领域的不适用性

### 1. "新闻无版权"误读

与传统媒体之间的版权纠纷是新媒体版权保护领域一个重要的议题之一。而时事新闻到底有没有版权，就成了新媒体与传统媒体版权之争的核心之一。《中华人民共和国著作权法》（以下简称《著作权法》）第五条将时事新闻排除在我国著作权保护范围之外。许多新媒体以此为根据，得出"新闻无版权"的说法，未经授权便大量复制传统媒体的新闻作品，严重损害了传统媒体的合法利益。所谓的"新闻无版权"，实际上是实践过程中对《著作权法》的误读。《著作权法》第五条提到的时事新闻，指的是客观事实，并非媒体从业者根据其创作的新闻作品。新闻作品包含了作者的劳动，是受到现行法律保护的，未经授权的随意转载已经形成了侵权事实。并且，随着自身发展，新媒体也逐渐转变为时事新闻作品的创造者，

"新闻无版权"这一误读，从长远来看，也必然会阻碍新媒体的发展。

### 2. 公共利益界定模糊

在我国版权法中，公共利益涉及的含义有两种，一是科学文化传播的公共利益，二是市场经济秩序的公共利益。但是关于提到公共利益的条款的具体指向，法律上没有给出明确的规定。概念使用的情景模糊不清使许多新媒体打法律的"擦边球"，即打着公共利益的旗号，侵犯他人的著作权。从维权角度来看，公共利益概念难以界定，也加大了保护自身权益、维护版权的难度。

### 3. 技术中立——避风港原则的滥用

我国《信息网络传播权保护条例》（2013年修订）第20条至第23条依次规定了网络自动接入和自动传输、自动存储、提供信息存储空间以及搜索和链接四种互联网信息服务行为的不承担赔偿责任的条件。这也是我们所说的技术中立，又称避风港原则。但是在新媒体环境中，所谓的技术中立只是将网络服务商的行为理想化。为了获得更多的流量与收入，许多网络服务商对盗版行为采取默认甚至纵容的态度，比如早年百度文库、百度网盘泛滥的盗版侵权问题。而在避风港原则下，判断网络服务商是否侵权需要从"明知""应知"的角度进行，但是这种判定方式很容易让网络服务商钻空子，导致滥用避风港原则，加大权利人的维权难度。版权纠纷通常属于民事诉讼，采取谁主张谁举证的方式，"明知"与"应知"由于主观性较强，往往存在取证困难的问题。维权难使网络服务商更容易滥用避风港原则，损害版权生态。[①]

## （二）新媒体领域的版权建设

2017年4月，国家版权局在北京召开2017年版权宣传周新闻发布会。网络版权产业研究基地在会上发布了《2017中国网络版权产业发展报告（摘要版）》。报告显示，2016年中国网络核心版权产业的行业收益突破了

---

① 朱鸿军，刘向华. 2016年中国新媒体版权保护报告［EB/OL］. http：//www. pishu. com. cn/skwx_ps/databasedetail？contentType = literature&subLibID = &type = &SiteID = 14&contentId = 8421108&wordIndex =4.

5 000 亿元。网络新媒体版权的繁荣与下列因素密切相关：

### 1. 新媒体时代版权利好政策不断出台

党的十九大报告指出，要"倡导创新文化，强化知识产权创造、保护、运用"，确立了新时代包括版权在内的知识产权工作的总基调，版权工作形势持续向好。国务院印发的《"十三五"国家知识产权保护和运用规划》、国家版权局印发的《版权工作"十三五"规划》、十九届中央深改组通过《关于加强知识产权审判领域改革创新若干问题的意见》等一系列宏观政策相继出台，为我国版权事业发展注入了强劲动力，为建设版权强国和创新型国家提供了保障。

### 2. "剑网 2017"彰显保护网络版权的突出作用

2017 年，国家版权局、国家网信办、公安部、工信部四个部门联合开展了第 13 次打击网络侵权盗版"剑网 2017"专项行动。各级版权执法监管部门会同网信、工信、公安等部门共检查网站 6.3 万个，关闭侵权盗版网站 2 554 个，删除侵权盗版链接 71 万条，收缴侵权盗版制品 276 万件，立案调查网络侵权盗版案件 543 件；会同公安部门查办刑事案件 57 件，涉案金额 1.07 亿元，并向社会公开发布 20 个网络侵权盗版典型案件。比如乐视体育文化产业发展（北京）有限公司（以下简称"乐视体育"）经合法授权拥有中超联赛 2016 赛季的网络独播权。在经营过程中，乐视体育发现两个名为"VTS 全聚台""VTS 直播"的网络机顶盒软件向用户提供中超联赛第一轮"江苏苏宁 VS 山东鲁能"的在线直播。乐视体育还发现在手机直播软件"云图 TV"和网站"全民 TV"上也可以找到中超联赛第一轮的比赛视频。乐视体育起诉这几个软件的运营方涉嫌盗版侵权、不正当竞争，索赔金额共计 1 500 万元。"剑网 2017"连续开展 13 年以来，大规模侵权盗版现象得到遏制，网络版权环境持续好转，日益彰显保护网络版权的突出作用。

### 3. 中国新闻媒体版权保护联盟成立

新闻作品是新闻媒体的核心资源，新闻作品版权保护得到各界高度重视。2017 年 4 月 26 日，在国家版权局主办的 2017 中国网络版权保护大会上，人民日报社、新华社、中央电视台、中国搜索等 10 家中央新闻单位发起成立"中国新闻媒体版权保护联盟",并发布了《中国新闻媒体版权保护联盟宣言》。除 10 家联盟发起单位之外,全国还有 122 家报纸、期刊、电台、电视台发布了《关于加强新闻作品版权保护的声明》,旗帜鲜明地表达了维护版权的坚定立场。随后,全国省级党报集团版权保护联盟、中国财经媒体版权保护联盟等相继成立,传统媒体抱团维护新闻作品版权。

### 4. 司法审判对版权保护的作用加大

人民法院通过案件审理有效解决各类版权纠纷,司法审判对版权保护的作用不断加大。例如,爱上传媒在经营 IPTV 过程中,发现天津"北新传媒"运营的 IPTV 业务涉嫌盗播 32 套央视的上星频道和数字电视频道,以及包括《朝闻天下》《今日说法》《星光大道》等在内的超过 50 个央视品牌电视栏目。长期沟通维权无效后,爱上传媒于 2016 年 3 月将天津"北新传媒"告上法庭,起诉对方涉嫌盗版侵权和不正当竞争,索赔金额高达 2 000 万元。再如腾讯公司诉暴风公司《中国好声音(第三季)》盗播案中,法院认定暴风公司构成侵权,判决其赔偿腾讯公司单集超 100 万元、6 集总额 606 万元,创下北京地区单期综艺节目赔偿数额历史新高;网易诉 YY 侵犯著作权及不正当竞争案一审判决中,法院明确直播电子游戏构成对电子游戏著作权的侵权,判决被告赔偿原告经济损失 2 000 万元,创下目前网络游戏侵权最高赔偿额。

网络新媒体传播每天都在变形深化,像人工智能创作也带来了版权新问题。2017 年是人工智能元年,人工智能在新闻采写、文学创作等领域大显身手。2017 年 5 月,被称为人类历史上首部 100% 由人工智能创作的诗集《阳光失了玻璃窗》由北京联合出版公司出版。人工智能创作作品的大量出现以及可预见的快速增长,引发了人们关于人工智能创作作品的可版权性及权利归属等问题的热烈探讨,成为 2017 年版权理论界的焦点话题。

# 第二节 新媒体传播与未成年人的网络保护

## 一、国外对未成年人网络保护的法律规范

### （一）美国

美国有关未成年人网络保护的法案主要有《儿童在线保护法》《儿童网络隐私保护法》与《儿童互联网保护法》等。

《儿童在线保护法》于 1998 年获得美国国会通过，并由克林顿总统签署实施。法案规定：①任何人通过万维网，在州际或国际上为商业目的传递对青少年有害的内容，都应罚款 5 万美元以下，或监禁 6 个月以下，或两罚并处。②除了上项规定的处罚之外，故意违反本法规定的，将被判处违法行为期间每天 5 万美元以下罚款。③除了以上两项规定的处罚之外，违反第一项规定的，将另外被处以每天 5 万美元以下的民事罚款。④商业性的色情网站不得允许 17 岁以下的未成年人浏览任何淫秽的图片、图像、图形文件、文章、录音、作品或其他"缺乏严肃文学、艺术、政治、科学价值"的内容。

美国国会在 1998 年还通过了《儿童网络隐私保护法》，该法案规定向儿童收集数据的调查公司必须先征得家长同意。该法案规定：任何提供网络服务和产品的组织与个人不得通过互联网电子联络（电子邮件、聊天等），搜集 13 岁以下儿童的姓名、家庭住址、电子邮件地址、电话号码、社会安全号码或儿童父母的个人信息等，违者将依据《联邦贸易委员会法案》（*Federal Trade Commission Act*）进行处罚。①

美国国会于 2000 年颁布了《儿童互联网保护法》，对学校、图书馆等青少年公共教育场所的互联网使用作出规范，要求这类场所使用信息过滤

---

① 吴小坤，吴信训. 美国新媒介产业：世界传媒产业评论（第 3 辑）［M］. 北京：中国国际广播出版社，2009.

系统或软件，以防儿童接触网上的有害内容。联邦通讯委员会 2001 年根据国会的授权，为该法制定了实施细则，其中包括：学校和图书馆只有采用有效的安全措施后，才可以接受外界提供的上网优惠服务；所采用的安全措施应能够对网上的淫秽、色情、对儿童身心有害的内容进行遮蔽或过滤；学校必须对青少年在网上的行为加以监控；学校和图书馆必须采取措施，防止未成年人进入不良网站，确保未成年人在使用电子邮件、聊天室等直接通信方式时的安全，禁止未成年人上网参与"黑客"或其他非法活动。

## （二）欧盟

欧盟委员会于 1996 年 10 月、11 月分别发表了《在视听和信息服务中保护未成年人和人的尊严绿皮书》和《关于因特网非法和有害内容的通讯》，要求成员国采取措施以抵制通过互联网络向未成年人传播暴力、色情等不良信息。

英国政府于 1996 年 9 月 23 日颁布了第一部网络监管行业性法规《3R 互联网安全规则》，"3R"指的是分级认定、举报告发、承担责任。在英国，无论传播与否，拥有儿童色情图片就是犯罪。根据英国《儿童保护法案》，如果没有合法理由，故意下载儿童色情图片者最高可判处 10 年监禁。

法国《未成年人保护法》（1998 年修正）规定，向未成年人展示淫秽物品者可判 5 年监禁和 7.5 万欧元罚款。如果上述行为发生在网上，面对的是身份不确定的未成年受众，量刑加重至 7 年监禁和 10 万欧元罚款。而以上述两种方式录制、传播未成年人色情图像者，分别可判 3 年监禁和 4.5 万欧元罚款、5 年监禁和 7.5 万欧元罚款；如果长期以盈利为目的进行此类违法活动，量刑加重至 10 年监禁和 75 万欧元罚款。法国《新通信控制法》规定：家长有权替未成年子女挑选和过滤网上信息，网络服务商可向家长提供监控装置。

1997 年 6 月 13 日，德国联邦议会通过了《信息和通讯服务规范法》，或称《多媒体法》，于 1997 年 8 月 1 日生效，该法对经营网络信息提出了明确的责任界限，还规定了社会对多媒体信息的许可程度，以免未成年人被信息误导和毒害。该法规定：服务提供者根据一般法律对自己提供的内容负责；若提供的是他人的内容，服务提供者只有在了解这些内容、在技术上有可能阻止其传播的情况下对内容负责。2001 年 7 月，德国最高刑事法庭宣布，在互联网络上散播儿童色情内容，将面临最高 15 年监禁的处罚。德国政府通过《电讯服务数据保护法》《刑法法典》《危害青少年传播出版法》《著作权法》和《报价法》等修正案以打击网络犯罪。

## （三）日本、韩国

日本于 2003 年 9 月 13 日实施《交友类网站限制法》，该法规定：利用交友类网站进行以金钱为目的、与未成年人发生性行为的援助交际，是一种犯罪行为。利用交友类网站发布关于援助交际的消息，可判处 100 万日元以下罚款。此类网站在做广告时要明示禁止儿童使用，网站有义务传达儿童不得使用的信息，并采取措施确认使用者不是儿童。家长作为监护人，必须懂得如何使用过滤软件过滤儿童不宜的内容，并和孩子保持良好的沟通①。

2003 年韩国规定凡是对青少年发送成人广告性电子邮件者，将被判处最高 2 年徒刑或者 1 000 万韩元的罚款②。

## 二、国内对未成年人网络保护的法律规范

根据 CNNIC 的第 39 次《中国互联网络发展状况统计报告》，截至 2016 年 12 月，我国青少年网民（19 岁以下的网民）已经达到 1.7 亿，约占全体网民的 23.4%。这其中，还有一个数据需要引起整个社会的重视，那就是我国未成年人首次接触网络的年龄越来越低。根据中国预防青少年犯罪研究会在北京、浙江、广东、湖北、上海、安徽、重庆、四川 8 个省、直辖市的调研结果，这些地区的未成年人首次接触网络的最集中年龄段已经由 15 岁降到了 10 岁，这个年龄段的人数占 46.8%，最低接触网络年龄

---

① 毕研韬. 世界各国对网络色情的控制手段 [J]. 信息网络安全，2007（8）：70 – 73.
② 中国互联网协会国外网络立法扫描 [EB/OL]. www. xinhuanet. com.

3 岁以下的，也占 1.1%。为了保障未成年人网络空间安全，保护未成年人合法网络权益，促进未成年人健康成长，国家制定了相关法规，2016 年 10 月，国家互联网信息办公室发布了关于《未成年人网络保护条例（草案征求意见稿）》公开征求意见的通知，自国务院通过后实行。

在该条例里，对于青少年最容易沉迷的网络游戏是这样规定的：网络信息服务提供者提供网络游戏服务的（以下简称"网络游戏服务提供者"），应当要求网络游戏用户提供真实身份信息进行注册，以便有效识别未成年人用户，并妥善保存用户注册信息。国家鼓励网络游戏服务提供者根据国家有关规定和标准开发网络游戏产品年龄认证和识别系统软件。网络游戏服务提供者应当建立、完善预防未成年人沉迷网络游戏的游戏规则，对可能诱发未成年人沉迷网络游戏的游戏规则进行技术改造。网络游戏服务提供者应当按照国家有关规定和标准，采取技术措施，禁止未成年人接触不适宜的游戏或游戏功能，限制未成年人连续使用游戏的时间和单日累计使用游戏的时间，禁止未成年人在每日的 0：00—8：00 使用网络游戏服务。此外，条例还包括"学校、图书馆、文化馆、青少年宫等公益性场所为未成年人提供上网设施的，应当安装未成年人上网保护软件，避免未成年人接触违法信息和不适宜未成年人接触的信息"，"任何组织和个人在网络空间制作、发布、传播以下不适宜未成年人接触的信息，应当在信息展示之前，以显著方式提示：可能诱导未成年人实施暴力、欺凌、自杀、自残、性接触、流浪、乞讨等不良行为；可能诱导未成年人使用烟草、酒类等不适宜未成年人使用的产品；可能诱导未成年人产生厌学、愤世、自卑、恐惧、抑郁等不良情绪"。条例正式生效后，对上网的未成年人起到了很好的保护作用。

# 第三节　新媒体传播与实名制

## 一、国外手机新媒体的实名制

在美国，用户跟电信服务公司签订合同时都会分配到一个社会安全号。此外，用户的座机和手机号码都可以在联邦贸易委员会的"拒绝推销电话登记处"注册。如果某用户的名字列在 NON – CALLLIST（拒听名单）上，还有人打该用户的手机进行推销活动，联邦贸易委员会将会视其为违法行为，处以几百至 1 万美元的罚款。

德国手机号码也实行入网登记实名制。买手机时，用户必须出示身份证，其身份证号码、住址等信息将被输入电信运营商的数据库。同时，新客户将签订一份合同，合同中明令禁止发送垃圾短信。各运营商和短信广告发布者必须签订杜绝滥发行为协议①。韩国就是从源头上控制实行手机号码入网登记制度的。韩国采取一户一网、机号一体的手机号码入网登记制，韩国人买手机时必须出示身份证，然后由售货员将顾客的身份证号码、住址等信息输入电信运营商的中心数据库。早在 2002 年 8 月，韩国信息通信部针对手机广告短信泛滥出台了一项严厉措施：在发布手机短信广告时，广告商必须注明"广告"字样和发送者的单位、电话及手机号码，对于滥发垃圾短信者，个人可处以最高 8 500 美元的罚款②。

## 二、国内新媒体的实名制

中国网络实名制的源头，一般认为是 2002 年清华大学新闻学教授李希光谈及新闻改革时提出建议"中国人大应该禁止任何人网上匿名"。他的这番言论在网上引起轩然大波，引起了言辞激烈的争论，但是随后并没有相应的措施出台。从 2003 年开始，中国各地的网吧管理部门要求所有在网吧上网的客户必须向网吧提供身份证，进行实名登记，以及办理一卡通、IC 卡等，理由是防止未成年人进入网吧。2005 年 3 月，以清华大学水木清华 BBS 为首的一批高校 BBS 向仅限实名制校内交流平台转变。2008 年 1 月，两会召开，网络实名制立法进程启动，并再度引起关注。8 月，工信部正式答复网络实名制立法提案，虽未获通过，但表示"实现有限网络实名制管理"将是未来互联网健康发展的方向。中国关于网络实名制的问题

---

① 陆地，高菲. 新媒体的强制性传播研究 ［M］. 北京：人民出版社，2010.
② 郑保卫. 新闻学论集（第 20 辑）［M］. 北京：经济日报出版社，2008.

一直存在争议，而且在部分地区开展了试验，虽然效果一直不明显，但网络实名制的工作一直在逐步推进。2010 年后移动网络逐渐普及，智能手机成为最常见的上网方式，工信部随之发布了《电话用户真实身份信息登记规定》，从 2013 年 9 月 1 日起，用户在办理固定电话、移动电话和无线上网卡等入网手续时，需提供有效证件进行身份信息登记。这是手机号码实名制政策的又一次突破性进展，也是进一步维护网络信息安全的里程碑举措。2016 年 5 月，工信部再发通知，要求各基础电信企业确保在 2017 年 6 月 30 日前全部电话用户实现实名登记，被称为"史上最严电话实名制"。这样一来，上网实名制其实也正同步实现。

# 第四节　新媒体传播与隐私

## 一、人肉搜索

人肉搜索与百度、谷歌之类的机器搜索不同，它主要是指通过集中许多网民的力量去查找人物或者事件的一种网上群众运动。在此过程中，它部分基于用人工方式对搜索引擎所提供信息逐个辨别真伪，部分又基于通过匿名知情人提供数据的方式去搜集特定人物或者事件的信息。人肉搜索最早的出处是猫扑网，"虐猫女事件""微软陈自瑶事件""铜须门事件""姜岩死亡博客事件""周正龙华南虎事件""周久耕天价烟事件"是中国网络新媒体传播中著名的人肉搜索事件。揭示真相和正义是人肉搜索最原始的动力，正是源于这一质朴的诉求，在无数网民孜孜不倦的努力下，一些公共事件的真相得以被迅速、有力地揭示。人肉搜索使网民参与公共生活的领域扩大，但事物都有其两面性，特别是在对于一些公共事件的关注中，是否会因为过度的好奇心或者跟风起哄等心态最终丧失基本的道德底线，进而做出侵犯他人利益的举动？人肉搜索在促进社会发展的同时，也可能危害社会个体权益，侵害他人隐私权，催生网络暴力。

一般认为隐私权是自然人享有的私人生活和私人事务不受侵扰、不被公开的权利，以及对私人资料拥有支配与控制的权利。现代网络上的隐私权概念则主要属于隐私权中私人资料隐私权的范畴。网络隐私侵权传播速度快、影响范围广、损害后果大等特点，会让受害人的生活和精神受到极大威胁。虽然我国已经开始重视对隐私的保护，但没有一部法律直接将隐私权这个词写进法律条款中，也没有在法律上具体定义隐私权的内容和侵犯隐私权行为的方式。正是隐私权保护的法律制度缺失，导致了网络隐私权法律保护的缺陷，以致在网络出现的很长一段时间内，网络隐私权遭受侵害时寻求司法救济成为难题，限制了被侵权人通过法律途径保护自身权益。

2014年，最高人民法院审判委员会宣布通过《最高人民法院关于审理利用信息网络侵害人身权益民事纠纷案件适用法律若干问题的规定》，并于当年10月10日起施行。其中第十二条明确规定："网络用户或者网络服务提供者利用网络公开自然人基因信息、病历资料、健康检查资料、犯罪记录、家庭住址、私人活动等个人隐私和其他个人信息，造成他人损害，被侵权人请求其承担侵权责任的，人民法院应予支持。""被侵权人因人身权益受侵害造成的财产损失或者侵权人因此获得的利益无法确定的，人民法院可以根据具体案情在50万元以下的范围内确定赔偿数额。精神损害的赔偿数额，依据《最高人民法院关于确定民事侵权精神损害赔偿责任若干问题的解释》第十条的规定予以确定。"

该规定强调了网络信息世界个人隐私同样受法律保护，不因网络的匿名性特征而折损。在保护隐私的法律精神下匡正人肉搜索可能带来的个人权益侵犯，无疑是符合法治精神的。

## 二、大数据收集

2018年3月20日，马克·扎克伯格，这位一度在美国人眼里最值得信任的人，正与他的社交帝国Facebook一起陷入危机。事情起因于《纽约时报》和英国《观察者报》上刊发的数据隐私丑闻。英国一家科研机构——剑桥分析，虽然只经过了27万用户的授权，但通过一款性格测试软件，获取了Facebook 5 000万用户的数据，并通过这些数据来解析用户喜欢什么、害怕什么，此后心理专家、设计师、制作人进行内容策划，并将这些政治广告、假新闻通过 Facebook 投放给特定用户，潜移默化中让人改变自己的想法，完成美国大选的精准营销。

个人信息数据有特别的属性，它随时产生，随时记录，但只有当它达到一定的数据量，才会有挖掘和收集的价值。大多数大数据公司遵循"不针对个人"的原则，数据挖掘只针对整体数据。社交数据的使用权掌握在社交媒体手中，但可以授权给第三方公司。理论上讲，这些数据的获得是经过客户授权的，一般会在注册协议的小字中出现相关条款，允许社交媒体企业将用户数据用作其他分析研究等用途。但大多数注册用户并不会阅读这些条款。因为不同意条款一般不会被允许注册。也就是说，想要享受服务，必须授权。不注册社交媒体就能避免个人信息被侵犯了吗？答案是不能。一种被称为"Cookie"的技术，能够在用户不知情的情况下，将用户所有浏览记录和偏好传回给服务器，甚至共享给用户并不知情的第三方网站。

在大数据时代，由于对数据的汇集、处理、掌控、分析乃至分发的各个环节几乎都集中掌控在少数高科技公司的手中，人们对这些涉及个人的隐私数据的把握，实际上处于茫然或失控状态。不过即便由于技术隔阂、不透明等原因，公众对"隐私问题没有那么敏感"，但那些搜集处理涉及公众个人隐私数据的公司必须对此敏感，并对相关行为负法律责任。用户数据隐私的保护体现在用户数据的获取、告知、使用和审计等方面。用户数据隐私的保护的对立面不是不分享数据，而是用户拥有被告知的权利以及控制数据使用范围的权利。

目前，社交数据的归属权、使用权等问题在我国并不明晰。个人信息数据安全的境况并不乐观，处于"无规""无法"的状态。一般的协议或合同，可能并不会将个人视为拥有数据归属权和使用权的主体，而且个人信息被违规利用的情况很难被发现。靠自觉始终不是长久之计，2017 年两会期间，45 位全国人大代表提交了《关于制定〈中华人民共和国个人信息保护法〉的议案》，同时提交的还有《中华人民共和国个人信息保护法（草案）》。但有专家认为，草案还存在缺乏个人信息分类、法律责任及处罚力度不足、条款规定落地实施难等问题。在一个全新的世界设定一套规则，肯定不是一项法律能完成的任务，可能需要一整套包括健全法律在内的完整体系的建设，也需要信息发送、获取、利用的核查、反馈等技术手段的完善。

早在网络新媒体出现以前，市场已经有了各种收集分析用户行为的公司，诸如收视率调查、超市数据上报、电话或入户调查等，区别在于以前的用户行为和偏好数据的收集成本高、变量少、频率慢，而互联网，特别是移动互联网的出现极大地降低了数据的收集成本。虽然公众的个人隐私越来越成为数据链中的一环或数据网络中的一个节点，但其隐秘性需求并未改变，有关个人隐私保护的法律法规依然有效，也仍然适用于这些新的处理程序和手段。也就是说，收集数据的权利依据，必须是依照有关法律的规定，取得有关主管机关的许可或者是当事人的同意后才能进行，这种同意应该是明示的同意，这点尤其重要。在收集数据时收集者应当向当事人说明收集行为的权限及依据、收集数据的目的等方面的内容。只能以一个或多个明示且合法的目的来获取个人资料。个人对是否提供信息、对提供的信息的使用目的和使用方式有决定权。

# 第十章　新媒体发展趋势

新媒体的发展势头一直没有衰减，各种新技术、新内容、新服务都以光速爆发般的速度展现在我们眼前。任何事物发展都要经过推陈出新、优胜劣汰，新媒体必然也不例外。要从网络新媒体复杂纷繁、变化多端的发展过程中归纳出发展趋势和规律并不简单，但如果将其细分成技术、内容、服务、管理等方面来进行梳理则不难发现其发展趋势和规律。其中，新媒体的内容融合、网络融合、终端融合特征已初露头角，同时，移动化和宽带化也是新媒体平台发展的趋势。

## 第一节　移动化与浅阅读

### 一、移动互联网时代凶猛来袭

新媒体的移动化一直在改变着人们的生活方式，渗透到人们的娱乐休闲、消费模式中，给人们带来了一轮又一轮的全新体验。移动技术和互联网已经成为信息通信技术发展的主要驱动力。

## （一）移动媒体应用

当今社会对生活空间分配的时间发生了变化，人们在工作单位里停留的时间比过去长了，在户外流动和穿梭的时间也越来越长。都市生活的快节奏使移动日益成为都市人生活的典型特征。城市面积的扩张延长了上班族在通勤时所花费的时间，乘车、等候电梯等行为产生了一系列碎片时间，引发了人们对碎片时间处理的需求。候机大厅里、公交车上，随处可见人们正全神贯注地看着小小的手机屏幕。与这种移动生活形态相适应，一方面越来越多的各式的移动媒体为信息的传播提供了更多的渠道，另一方面也改变了人们原有的信息接收习惯。

移动阅读是指用手机或带有通信功能的电子阅读器等通信终端将阅读口袋化、移动化、个人化的行为。阅读内容可能包括报纸、杂志、博客、微博、网络文学、图书等，或者是专门定制的手机报、手机杂志、动漫及各类互动资讯。当下我国移动阅读主要分为三个层次：一是浅阅读，即利用无聊的碎片时间进行的阅读；二是利用成块时间进行有方向的深度阅读，例如用亚马逊 Kindle 阅读器进行的阅读；三是个人出版，在移动互联网并不发达的过去，90% 的书稿无法出版，但现在的手机阅读平台就可以将人们的阅读需求和创作需求嫁接，发表的技术门槛降低，开掘了点对点的出版机会。

移动社交网络成为主流。在网络时代，人们的交流几乎不受空间的限制。人与人之间的交流不需要考虑空间距离以及周围有什么人，只需要通过移动媒介就可轻易实现远距离沟通。由此来说，移动式阅读，微博、微信等社交媒体与手机移动终端的捆绑都必然会促使社交功能的进一步拓展。

新技术的出现和应用往往是媒体产生变革最直接的推动力，科学技术上的突破往往引发媒体的革命，比如造纸术和印刷术的发明。近年来移动网络的飞速发展为数字媒体移动化提供了直接的推动力。

## （二）新媒体移动化存在的问题

第一，内容问题。在信息内容数量爆炸的今天，如果想要被人注意到，那么依然要以内容作为竞争力。目前，虽然新媒体数量日益增长，但一味地求多求快，导致信息内容质量得不到保障，会失去很大一部分竞争力，这种不良情况蔓延成灾，就是目前新媒体移动化所具有的普遍化问题。

第二，技术问题。技术问题依然存在于移动媒体上，诸如网络传输速率慢、电池寿命短、终端小型化等问题，以及相关技术标准的制定问题，还需与内容服务商进一步协调发展。

第三，资本问题。目前资本投入更倾向于面向硬件，比如终端和线路。相对而言对软件的投入就没有硬件的多，除此之外，对于服务的投入更少。

## 二、浅阅读时代的到来

### （一）浅阅读是时代的需求

浅阅读即阅读只需要较少的思考，采取跳跃式的阅读方法。浅阅读追求的是短暂的视觉快感和心理愉悦。浅阅读是一种以快餐式的图像、短信、帖子，或者是包装过的对名著的读图、缩读、速读为阅读对象的浅层次阅读形式，整个过程简单轻松，以娱乐为旨归。简单、直接、感性，瞬间能得到愉悦与满足，是浅阅读文化的显要元素。浅阅读往往从第一印象开始，形式就是内容，并通过形式放大内容，它标志着网民从可读—易读—悦读的趋势日益明显。

浅阅读给人们生活带来了很多影响：日益工业化生产的媒体阅读比书本阅读更容易被人接受；媒介批评正在替代传统批评影响人们的意志；人们关心的重点更多的是事件、人物的冲突和戏剧化的娱乐效果，新闻背后的真相反而并没有多少人关心。浅读物的生产方式日益模式化、批量化、标准化、通用化，使它的商品属性居于精神属性之上。浅阅读及其衍生的"读图时代""动漫时代"都是文化工业时代的一种必然结果。以"短、平、快"定位的三俗作品更具吸引力，浅阅读与经典阅读不断进行空间竞争，越来越有压倒性优势，娱乐化阅读成为主导。浅阅读受众范围日益扩大，身份多样。

## （二）浅阅读的社会影响

在传统阅读遭遇消费文化日益衰落的今天，网络图片、快速翻阅、缩读略读等浅阅读行为成为阅读新风尚。浅阅读这种一味追求快速、海量和感官刺激传播效果的行为，虽然拉动了商业文化和消费文化，但它对于传统的深阅读是一种从内容到情感诉求的解构。浅阅读更偏重于体验阅读的快感和阅读过程中的娱乐性，而不再需要认知心理的深度介入。

但换个角度，在信息量呈爆炸式发展的今天，现代人生活节奏加快，他们需要用最少的时间成本从海量的信息中选出自己需要并且有用的信息，以节省时间和精力。浅阅读这种碎片化阅读方式同现代人获取信息的方式相契合，是现代人的一种适应性选择。

从内容生产方面来说，浅阅读的内容一般偏微小化，正因如此，这种阅读趋势也促进了"微内容"的生产需求，激发出一种全新有活力的文体。

从受众方面来说，如果是以学习为出发点，那么可以采取浅阅读与深阅读结合的学习方式。浅阅读的快速高效可以直接切中某一知识点或对知识有一个提纲挈领的概括功能；深阅读则可以纵向延伸阅读者的知识体系，使其了解更加深入。总而言之，这两种阅读方式都是人们在学习过程中不可避免的两个必经阶段，它们可以交叉并存。

# 第二节 个性化定制

随着新传播技术的不断出现，互联网新媒体正在飞速发展。2014 年在浙江乌镇举行的首届世界互联网大会上，与会的部分业内人士认为，未来新媒体的个性化定制将成为大趋势，网络"比你更了解你自己"。当时《人民日报》副总编辑马利在"新媒体新生态"分论坛上分享了一个案例，一位美国的父亲怒气冲冲地质问沃尔玛，为什么总把婴儿用品的优惠券寄给他读高中的女儿？事后证明他女儿怀孕了，是女孩在社交网站上留下的信息，让商家捕捉到了。

张一鸣的"今日头条"是一款基于数据挖掘的推荐引擎产品。系统通过观察每个用户的行为，不仅了解这个用户，还得到不同用户之间的差距。它可以知道同样使用 iPhone 6 手机的北京男性用户有什么共同的特点；在使用 3G 和 WIFI 网络的时候，小米手机的用户喜欢看的内容有什么区别。手机屏幕很小，信息却那么多，这两者之间的矛盾越深，信噪比（有效面积内的信息和噪音的比例）就显得越加重要。根据受众在特定的情境下的需求，媒体需要在不同的时间、不同的地点准确推送不同的内容，故个性化推荐的需求只会更强烈。而百度副总裁朱光曾说过："比如说你搜过科技、体育等领域，我们就能知道你对哪个领域感兴趣。"百度自己不产生新闻，但是它通过搜索技术聚合全球新闻，每天要聚合超过 40 万条新闻。在这当中，定制千人千面的个性化新闻是百度坚持的一个重要理念。

"大数据时代，网络比你自己更了解你的喜好。"新媒体现在越来越主动地运用大数据，推送用户所需要的内容。未来，大规模的个体信息定制将成为可能，媒体将变得更加智慧，更能满足人们个性化、情境化的需求，成为人们获取特定信息的"阿拉丁神灯"。新媒体不仅帮助用户找到优质的内容，同时还帮助优质的内容找到优秀的读者。

## 一、个性化趋势的理论基础

"分众理论"是传播学理论中能直接体现受众的个性化诉求的理论。分众（Frag-mented Mass Audience 或 the Fragmentation of Mass Audience）这个词是说，受众并不是同质的孤立个人的集合，而是以不同社会性质所区分的人群。分众理论认为，社会机构具有多样性，是多元利益的复合体；社会成员分属不同的社会群体，其态度和行为受群体属性的制约；分属于不同社会群体的受众个人，对大众传播有不同的需求和反应；在大众传播过程中，受众并不是完全被动地存在，他们在接触、选择内容和理解媒体上有着某种自主性和能动性。

分众理论的一个前提假设是认为人们有着不同的性别、年龄、职业、学历、文化背景，具有不同的个人属性和社会属性，也正因如此，每个人的媒介需求、接触动机、媒介取向也不同。媒介需要对受众进行准确定位，才有可能取得较好的传播效果。网络空间技术的发展为受众的细分化提供了有利条件，也让受众的个性化信息在网络空间上展露无遗。

## 二、个性化定制的优势

### （一）以个性来消解内容同质化的影响

"同质化"（Homogenization）最初是一个经济学概念，主要是指产品或服务竞争到最后阶段出现的产品趋同，消费者很难区分产品质量的差别。此概念被引入媒介传播领域，主要表现为传播内容的重叠和趋同。在信息极度过剩的时代，大量冗长无效的同质化信息导致受众注意力下降，也影响了媒介的传播效果，人们对这种大规模生产的同质化内容逐渐失去兴趣，开始尝试追求阅读与浏览个性化和差异化信息。而定制服务让受众真正能够阅读"我的版面""我的栏目"，满足了受众对信息接收的个性化需求。在充斥大量碎片化信息的社会中，人对于信息的接收和容纳不可能面面俱到。作为接触和使用媒介的受众来说，越是能让他们偷懒、省心省时省力的应用就越能增强他们的好感。今日头条最明显的优势就是降低了用户的阅读成本，如选择成本、筛选成本、时间成本等，同时减轻了用户的阅读和选择困难。

## （二）以细分化提高受众身份认同

个性是什么？定制是什么？本质就是新媒体传播市场的细分化。通过本土化定制，能针对不同地域的人群，发展地方版。通过对不同层次、不同领域的受众进行量身定制，能进一步让养生、时尚、军事、地产等信息有效扩散到老年、妙龄女性、男性中产等群体中。情境化定制，例如针对开车一族，可以随时提供路况信息；针对逛街购物的人群，能够根据用户所处的地点，提供附近商场一些商品的打折促销资讯。"我的头条"不见得是你感兴趣的，"你的头条"也不见得就是我心目中的头条，今日头条所标榜的"我们要做的是定制专属你的产品"。这样的理念和实践极大地满足了受众的自我认同感，让受众自发地产生一种资讯是为我而生、"我爱的资讯我做主"的感觉，使受众更加具有传播参与的主体意识。借由这种方式，受众也能够更深层次地参与到内容生产中，促使媒介主导型框架向用户主导型框架转变。

## （三）以消费黏性增强信息接收效用

对于受众来说，信息获取需求受到自身习惯、文化水平和知识要求因素的影响，受众对信息的需求和选择是基于自身背景进行社会选择的结果。需求的不同使得不同类型的新闻都有各自忠实的读者。在这样的情况下，定制化信息可以使受众无须为阅读某类资讯而购买大量无用信息，在某种程度上提高了受众的媒介阅读忠诚度，使受众满足于按照自我偏好和需求组合的"我的头条"，达到自我接收到的新闻信息都能为我所用的目的，实现信息利用价值的最大化。

## 三、个性化定制的弊端

尽管定制化内容能够满足受众的多样化需求，受到受众的喜爱，但在其发展的过程中，一些不可避免的弊端和陷阱也不断显露出来，我们应该从以下几个方面反思定制化内容：

## （一）资讯数量与质量不成正比

只做内容聚合的公司没有自己的采编人员，因此不进行传播内容的采写摄，其传播内容以其他媒体的新闻报道为基础聚合而成，这就造成了内容碎片化十分严重。除此以外，它们利用科技手段将资讯推荐给用户，但是在发送资讯之前并不能进行人工筛选，这使传播内容的质量得不到充分保障，进而产生质量问题。当受众得知其获取的信息归根结底是来源于其他媒体时，就会下意识降低好感度。

## （二）点开并不代表真的喜欢

个性化定制的最终目的是将有价值的内容传递给受众，并唤醒受众。在一项基于荷兰媒体与受众的调查显示，个性化定制的新闻会使受众视野首先或过多关注不良信息。由此我们需要思考的问题是，今日头条以受众浏览过的信息为基准进行新闻推荐的模式是否真正可行，受众点开新闻是否代表真的喜欢这条新闻并想继续浏览类似的新闻。一个人的消费行为并不一定真正代表着喜欢，往往是偶然或者惯性等多种因素影响的综合结果。无论是机器还是数据都不具备复杂的、人性化的识别能力，而是倾向于强化分析所带来的结果，并以此为依据源源不断地向同一用户推荐同样的产品。在受众阅读了某个明星的娱乐新闻后，今日头条会用该明星的其他相关信息或其他明星的各种娱乐新闻占领受众的页面，这往往会激起受众的反感，让受众产生"我并不喜欢这个啊，为什么推荐给我"的想法，其中隐含的意思就是"难道我的品位就是这样的吗？"这样机械化的强行兴趣塑造也在很大程度上让受众产生反感情绪。

## （三）信息回音壁

美国社会学家桑斯坦（Cass R. Sunstein）在其著作《信息乌托邦》中提出，在信息传播过程中，由于公众自身的信息需求并非全方位的，公众只注意自己选择的东西和使自己愉悦的通信领域，久而久之会将自身桎梏于"茧房"中。在个人建造的信息茧房中，个人的喜好和关注领域会逐步定式化、程序化，逐渐失去了解不同事物的能力和机会，造成了个体信息孤岛的产生。大数据算法和关键词定制强化了受众对某类信息的关注，将受众的视野无形中限制在一定的范围内，从而错过重要的信息。虽然一味地关注同一类信息做到了"术业有专攻"，但久而久之会使受众欠缺宏观知识架构的全局视野。正如张朝阳认为的那样："一味地个性化，将导致推送内容的僵硬，因为很多时候人们对信息的索取是随机的。"

### （四）旧的同质化与新的同质化

手机新闻客户端和新闻定制服务最大的目的就是为了和其他同类媒体相区别，吸引那些有个性的用户，但是随着近年来信息科学技术的持续发展，新闻客户端在技术上的差距已经变得很小，同时各大新闻客户端也都开始重视个性化新闻的发展，朝个性化推送努力。向用户推荐某类信息或者诱导用户订阅某类信息已经成为各大新闻客户端的"标配"。再加之不同客户端之间新闻主题、频道内容和关键词的高度重合性，推送信息再次呈现同质化发展趋势。甚至出现伪定制化，新闻客户端不是以受众作为第一位而是将个性化推荐作为争抢受众的噱头。

简而言之，虽然新媒体的个性化定制会面临诸多问题，但新媒体的个性化趋势具有强大的生命力，并将随着新媒体发展而日趋凸显。

# 第三节　宽带化

网络电视、手机电视、移动电视等新媒体不断涌现，为宽带服务的发展提供了全新传播渠道，也推进了宽带服务的进一步发展。由此可见，数字新媒体的发展与宽带化是互相促进的。一方面，新媒体的出现为各种宽带服务的发展提供了新的突破空间；另一方面，各种优化宽带的行业标准的颁布，也必将推进网络电视、手机电视、移动电视等新媒体的进一步发展。

# 一、推动数字新媒体宽带化的因素

## （一）网络新技术保证了数字新媒体的宽带化

当前宽带网络技术主要包括四个方面的内容：首先是流媒体技术，它是实现信息内容安全、稳定传送的一个重要保证；其次是光纤技术，它保证了大容量信息可以快速传输；再次是无线技术，它可以保证人们能够不限时间、不限地点接入宽带网络；最后是互联网技术，包括互联网的协议、标准等，互联网技术的发展丰富了信息资源和服务。

信息传播的数字化正在高速发展，各种网络在传输技术上都以数据传输为主流，其中多媒体、流媒体已经成为广泛使用的常规形式。网络传输技术的进步可以为在不同的网络中实现各种业务的交叉应用提供技术基础。另外，在不同网络中提供开放的服务体系，可以更好地支持第三方服务提供商，提供更多有特色、个性化的内容服务。

## （二）媒体融合推进了数字新媒体的宽带化

媒体融合推进了媒体模式的创新，也推动了新媒体宽带化的进程。当前信息传播越来越多元化，网络传输向着宽带化迈进，网络功能也越来越趋同。这些事物带来的服务融合正在深刻影响传统的话音、数据和图像这三大基本业务的行业界限。这些事物在业务上的相互交叉与整合，也必将为社会经济信息化、网络化、数字化提供基于 IP 技术和具有融合能力的多平台、多服务、多种类的数字新媒体传播模式。这些由于信息传播网络和接收发送载体进步而产生的新的媒体模式的主要互动特征是：一对多、多对多、多对一、一对一等多元形式的混合。

## （三）市场需求推动了数字新媒体的宽带化

新媒体受市场发展与需求的推动一直在向宽带化发展，媒体传播模式也在不断创新，一步步在创造和推动着市场需求。首先，对于承担主流传媒职能的广播电视而言，以前那种传统的观众被动接受信息的方式，正被多元化的主动需求、个性需求、互动需求所影响，同时数字新媒体的宽带化又为满足这些需求提供了很好的解决方案。其次，电信运营商迫切需要在服务模式、增长方式上有新的突破。目前，涉及三网（电信网、计算机网、有线电视网）交叉或融合的新媒体服务有网络电视、手机电视、多媒体短信、网络电话等，这些都是业界认为可创造巨额财富与价值的新型媒体。如果在这些新媒体业务上努力进行开发，将会引发业界新一轮的竞争和变革，推进宽带化的发展。

## 二、新媒体宽带化存在的问题

数字新媒体的宽带化发展趋势日益凸显，但数字新媒体的宽带化进程无疑也存在各种问题。

### （一）价格问题

价格决定了进入宽带网的门槛高低。高昂的价格会影响宽带网的普及速度，这会相应减缓新媒体的宽带化进程。

### （二）运营模式

新媒体不单是发展硬件就可以，只有和新模式结合起来才能得到健康的发展。目前，大多新媒体服务在运营方式方面还处于探索阶段，暂时还没有运营商能够有独自完成整个产业链开发经营的优势。因此，新媒体服务的发展离不开多元化的合作和运营体系开放规则的创新，而这些都需要与适合新媒体服务特点的市场营销模式相伴随。

### （三）内容监管

在新媒体服务发展迅速的同时，对于服务内容是否健康的监管问题也制约着其发展。网络应用总在朝着越来越个性化的用户主导服务发展，因此，对于用户的网络使用行为和用户自主在网络上创造内容这些行为而言，必须对其进行合理有效的监管，才能真正可持续发展。

## （四）技术问题

目前的宽带技术还无法满足一些新应用的需求。一是需要宽带网络具备超强的健康运行性和自组织自适应能力，才可以适应数量越来越多、功能越来越强的具有超强移动性和时变性的海量媒体数据的传播。二是要求宽带网络能够对网络资源进行调度与控制，使得各种原有的服务都能在同一网络上提供，适应新内容和新服务不断增加的情况。除此之外，网络资源控制必须拥有自我升级的能力，才能适应应用服务的发展。三是移动宽带网络的解决方案需要能有效满足新媒体应用，这样才能保证移动媒体用户具有双向有效的高带宽。

事物的发展趋势都是前进而曲折的，相信随着新媒体的进一步发展与应用，上述各种宽带化进程中的问题与屏障都会慢慢解决。

# 第四节　人工智能

## 一、人工智能在新媒体上的运用现状

2016 年 3 月，谷歌旗下的围棋人工智能程序战胜了围棋世界冠军李世石，一时间引起全球范围内对人工智能（Artificial Intelligence，简称 AI）[1] 的广泛热议。近年来，各大科技公司纷纷大举进军人工智能领域，如特斯拉、百度的无人车，IBM 的 Watson 认知平台，苹果的 Siri，微软的"小冰""小娜"等。在全球资本转冷的大环境下，人工智能领域仍然能迅速成为各大风险投资基金的追逐热点，2012 年至 2016 年五年间融资额度分别为 3.5 亿、5.8 亿、9.8 亿、12 亿、89 亿美金[2]。"世界互联网教父"凯文·凯利预测表明："人工智能会是下一个 20 年颠覆人类社会的技术，它

---

① 美国高盛在《2016 年人工智能生态报告》中的解释："人工智能是制造智能机器、可学习计算程序和需要人类智慧解决问题的科学和工程。通常地，它们包括自然语言处理和翻译、视觉感知、模式识别、决策制定等，但应用的数量和复杂性在快速增长。"

② 数据来源于数据统计网站 Talkingdata。

的力量将堪比电与互联网。"

从技术角度来看，人工智能与新媒体传播几乎是纠缠在一起的。早在 2010 年，美国一家名叫"叙事科学"（Narrative Science）的服务公司就推出了一款名为 Quill 的写作软件，这款软件能从不同角度将数字转化为有故事情节的叙述文。Quill 曾被用来撰写电视及网络上棒球赛事的比赛报告，福布斯网站曾使用 Narrative Science 的技术自动制作财报和房地产相关报告等。在此之后，包括 BBC、《华盛顿邮报》、《洛杉矶时报》、BuzzFeed、美联社等在内的很多国外主流媒体都先后尝试了人工智能。

观察国内新媒体运用人工智能的情况，笔者发现近两年人工智能主要应用在机器写作和智能化推荐两个方面（如下表所示）。

2016 年我国新媒体运用人工智能的传媒企业

| 机器写作 | 智能化推荐 |
| --- | --- |
| Dreamwriter（腾讯） | 《天天快报》（腾讯） |
| 快笔小新（新华社） | 今日头条（今日头条） |
| Xiaomingbot（今日头条） | 百家号（百度） |

写作机器人的特点是快速、模板化。国内最早采用机器写作的是腾讯。腾讯于 2015 年 9 月在旗下财经频道用写作机器人 Dreamwriter 发布了一篇关于 8 月份 CPI 的稿件，题目名称是 "8 月 CPI 同比上涨 2.0% 创 12 月新高"。稿件主要是数据和各界评论专家对数据的分析解读，在此之后写作机器人 Dreamwriter 持续发布新闻稿件，来自《2016 中国新媒体趋势报告》的数据显示，2016 年的前三个季度，写作机器人 Dreamwriter 写作文章的数量达到了 4 万篇。2015 年 11 月 18 日，新华社推出旗下的写稿机器人"快笔小新"。新华社的写稿机器人操作简单快捷，输入一个股票代码，再点一点鼠标，就能产生一篇财报分析。"快笔小新"其实就是一种普通的计算机程序，虽然写出来的内容不算完美，但速度非常快。新华社的体育部和《中国证券报》也应用了"快笔小新"。除了这两个部门，新华社其他部门均未应用"快笔小新"。目前来看，国内的机器写作范围主要限于财经、体育等领域，体裁并不多，通常是快讯和财报。今日头条在

奥运会期间，推出了旗下的写作机器人 Xiaomingbot。区别于腾讯的 Dream-writer，Xiaomingbot 的写作水平仿佛提升了一个层次，因为速度更快，数据入库两秒内即可生成新闻稿并实时发布。不仅如此，Xiaomingbot 的稿件样式较多且自适应能力强，能够根据多方收集而来的赛前预测和实际赛果之间的差异来生成新闻稿件的语气。尽管 Xiaomingbot 看起来有不少进步，但其实国内的机器写作仍处于初级的应用阶段。

在智能化推荐方面，笔者有发现看得见的改变。在很多情况下，用户并不会知道媒体在何时发布自己关心的新闻，智能化推荐则显得尤为重要。从上表中看到，腾讯的《天天快报》、百度的百家号、今日头条都在该领域中尝试。今日头条的广告词说得很简单直白，"你关心的才是头条"，也就是根据用户的个性需求将内容推送到用户的首页上，让用户最先看到他们关心的内容。其实百度早在五六年前就开始布局人工智能，并一直在旗下的百家号上进行测试。百度在介绍百家号时是这样说的，它们是多维度来刻画用户群体，当用户登录后，用户所搜索的数据都会被记录，相关的内容监测会出现在搜索框的下侧，进行垂直刻画。如果有用户多次搜索了"英超""足球"，那么下次关于英超足球的文章会优先推荐到该用户的页面首页。这实际上是一种数据积累和维度刻画。目前，国内人工智能与新媒体结合的发展依旧处在较为缓慢发展的初期，并没有进行大规模、较频繁的应用。国内离人工智能被真正应用于新媒体领域还有着不小的距离。

## 二、人工智能在新媒体上的普适方向

### （一）数据处理

现在是一个数据信息大爆炸的时代，互联网环境下每天产生着无比庞大、难以统计的数据信息，数据已经渗透到各行各业之中，成了重要的生产要素。新媒体是大数据时代的受益者，数据是新媒体非同小可的优势。收集数据、管理数据、分析数据、利用数据等每一环节都能为新媒体所用，并产生可观收益。但新媒体中内容的生产者和受众均是人，而人并不擅长去处理这些复杂、多样、烦琐的数据。所以我们将这些工作交给更智能、会成长的机器——人工智能来完成，以快速适应处理各种数据的相关工作。然而数据是人工智能的关键，也是最重要的要素，数据的数量和质量会共同决定人工智能的发展水平。全球持续增长、无所不在的互相联系的设备、机器和系统产生的非结构化数据的数量呈现出了巨大的增长。一般情况下，拥有的数据越多，新媒体传播的神经网络就变得越有效率。人工智能帮助新媒体处理数据，同时新媒体产生的大量数据又可引领人工智能在该环境下进一步成长，进而推动新媒体自身的不断发展。

## （二）语音与图像识别

语音与图像识别相当于人工智能模拟人类的听觉、视觉及基本的语言能力。新媒体发展到现在内容上早已不再停留在图文层次，越来越多的视频、音频成为新媒体传播的主力军，特别是智能手机硬件设备的升级和普及，人人都可以十分便捷地生产视频、音频内容，但是即便如此，视频音频无论是从制作、传播、审核等与新媒体相关的角度来看都要比图文更加复杂。而人工智能在语言与图像识别领域已经逐渐趋向成熟，甚至有不少已经应用到人们的生活当中，如科大讯飞的语音输入法，高德置地的智能语音导航，百度的百度识图，微软的微软识花，这些语言与图像识别的人工智能技术与新媒体将会有多维度的有机结合。

## （三）机器学习与深度学习

人类把自我意识赋予机器硬件将会是一个递进的过程，机器学习专门研究计算机怎样模拟或实现人类的学习行为，以获取新的知识或技能，重新组织已有的知识结构使之不断改善自身的性能。同时机器学习也是人工智能的核心，是使计算机具有智能的根本途径，其应用遍及人工智能的各个领域，它主要使用归纳、综合而不是演绎。新媒体环境日益复杂，新媒体人必须保持学习才能跟上新媒体整体环境的快速变化，更何况是满足新媒体人与受众多重需求的机器硬件，当人工智能根据大量有用数据进行不断试错与调试到一定阶段后，能提升算法的精准度和完善算法，也能低成本快速满足新媒体发展的各方面应用需求，推动新媒体发展。

## （四）算法

算法是计算机解决问题的方法，是人工智能思考问题、处理问题的基础核心，其作用相当于方法论。而算法是目前新媒体领域对人工智能最常见的运用，如百度、今日头条的内容分发，其本质核心便是人工智能，将内容依据算法分发给不同的受众，这实际上是一种数据积累和维度刻画：一个受众长期使用某种新媒体应用浏览内容，该受众的阅读数据就会被不断反馈进数据库，受众画像就逐渐清晰。同时，随着受众数量的增加，通过相似点描绘可以将人不断地分群，进行群体分发，再加上之前累积的数据，通过算法运算完成智能化的推荐。

# 三、人工智能在新媒体中的潜能

## （一）人工智能帮助新媒体提高效率

### 1. 内容制作

如今新媒体竞争激烈，对于新闻时效性和准确性的追求越来越高，在内容生产上，人工智能可以成为人类最得力的助手。首先，人工智能可以快速搜寻整理所需素材、检查语法及错别字，甚至能通过数据逻辑分析出该内容的真实性以及合法性。其次，人工智能还能将一些文字内容转化成视频和音频，使得内容更加多样化。然后在一些标准化、结构化程度高的领域，效率将有更出色的表现：比如在体育新闻中，以足球为例，中国的广大球迷更加偏向于观看欧洲足球联赛，但是时差的缘故，欧洲足球联赛通常在北京时间凌晨举行，若没有人工智能的加班或者夜班跟进，媒体很难在第一时间对赛事进行报道，而人工智能可以无视时差进行 24 小时跟踪报道，在第一时间生成有关赛事的内容，并且还能截取赛事中的精彩片段插入内容中。另外，在体育世界中的一些领域如橄榄球、棒球、冰球等，这些运动在中国不是主流体育项目，相关赛事非常少，但所有这些冷门体育赛事总的关注者的数量并不可小视。媒体如果花过多人力与精力去跟进，所获得的收益与相应投入大概不会成正比，不过如果交由人工智能来完成这些工作则省去了不少人力消耗，并帮助媒体积累不少长尾流量，由此获取更高的收益。以前因为人力不足或"关注度不够"而被迫抛弃的新闻资讯，可以由人工智能生产。

## 2. 内容审核

以往传统媒体中设有"把关人"，对传播内容的质量与尺度都有所把控。现在新媒体每天产出海量内容，特别是视频、音频的急速增加，网络审核人员根本无法跟上其脚步，当审核时间过长或审核存在失误造成漏网之鱼时，都会导致媒体平台各方利益的损失，人工智能的加入成了迫切需要。举例来说，对于以往机械化的文章关键字屏蔽，只要动机不良的内容制作者稍动脑筋，改用"网络衍生词"便可绕开机械化过滤。而人工智能的做法则是将文章翻译成自身能完整理解的"机器语言"，将存在违规信息的文章标记出来，发送给网络审核人员来处理，人工智能相当于充当着一个大滤网的角色，但它并不会满足于此。当网络审核人员处理完人工智能的标记后，人工智能会记录并学习网络审核人员的处理行为，当数据量足够多时，人工智能经过学习后能进一步提升了自己的审核能力，极大地降低了网络审核人员的工作压力并提升了整体的审核效率。对于视频、音频，人工审核通常要完整地浏览视频内容或者冒着漏审的风险进行片段抽查，但这两种方法都无法把时间成本和风险降到最低，而人工智能的做法则是可以在同一时间通过节点逐帧分析全内容片段，当分析出像素点的组合画面存在违规时，如淫秽、血腥暴力等，人工智能会对该内容进行标记并进行相应处理和学习。

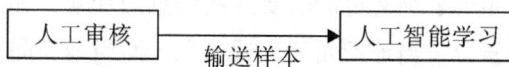

人工审核　——输送样本——→　人工智能学习

**流程图一　人工智能内容审核学习期**

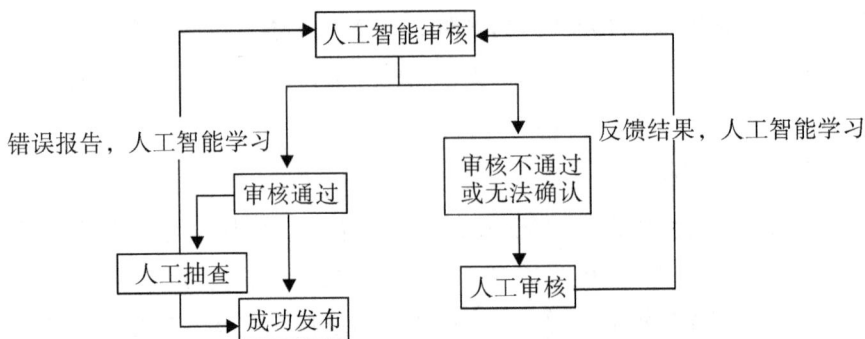

流程图二　人工智能内容审核应用期

## 3. 内容分发

在内容分发上，以往的一些新媒体平台如搜狐、雅虎、百度等门户资讯网站及其移动端的做法通常如下：第一，采取按时间和点击量的顺序来将内容展示给受众；第二，以编辑推荐和精选的形式来将内容展示给受众；第三，依靠受众搜索或定向关注来展示内容。但受众的兴趣口味、所需要了解的信息都有所不同，甚至更多时候受众可能并不知道自己需要哪些信息。今日头条是一个典型的成功案例，它运用人工智能算法在内容分发上战胜了比它更有流量优势的百度。人工智能在内容分发上确实可以大有可为，它会记录受众的行为，并将这些行为归类，为每一个受众绘制出一份专属的图表，受众的行为和特点越多，人工智能收集的数据会越多，所绘制的图表将会越详细。如受众的地理位置、兴趣爱好、政治偏向，甚至是情感状态，一旦人工智能掌握了受众的这些相关信息，便可以精准地将内容分发给特定的、最有可能需要这些信息的受众，如人工智能通过判断受众的地理位置分发当地新闻和交通信息，而当地新闻和交通信息对于其他区域的受众而言几乎是没有价值的。人工智能通过算法分析出受众可能会感兴趣的内容，优先将这些内容展示给受众，以最快速度实现内容对于受众的价值。人工智能通过高匹配值提高内容从分发到被受众打开的效率。

## 4. 数据反馈

新媒体数据主要包括阅读量、点击率、转发量、收藏量等，同时也涉及受众的地域分布、性别比例等，并且是实时更新的。但它们对新媒体的作用最大化了吗？让我们来看下在加入人工智能后的新媒体可以拥有怎样的改变。首先，收集数据并不是最重要的一环，若收集到的数据不加任何处理和利用，那么数据无法产生实质价值，对于新媒体而言更重要的是怎么样对收集而来的数据进行处理反馈。针对新媒体平台来说，受众的屏幕展示位置虽然可以无限下滑刷新新的内容，但优先级顺序是有限的，平台可以通过算法计算出最受欢迎的内容，将它们优先展示给受众。如哔哩哔哩（bilibili）视频平台会对视频内容的播放量、弹幕数、收藏量、投币数、分享次数进行计算，通过综合分数来确定优先展示的内容，而这些数据则是由受众的行为来得出，再进行反馈，最终产生影响。其次，每个受众由于生理与心理的习惯不同，对屏幕位置的注意力也不同，人工智能会记录这些受众的使用数据，知道每个受众的注意力会最先集中在屏幕的哪个位置，如此一来便能将平台方极力推广的内容自动适配到被受众最先注意到的特定位置，从而极大地提升点击率。

针对内容制作者而言，标题越来越重要，一个好的标题通常能带来更多的点击流量。当有多个旗鼓相当的标题等待着被抉择时，人工智能会先将内容制作者准备好的几个标题伴随着内容一起发布，在特定的时间节点和小范围内分发这个内容，然后不断收集这些标题对受众产生影响的数据，当数据达到一定量时人工智能会自动帮助内容制作者更换数据最优的标题并且不限制范围地分发内容。被称为媒体行业颠覆者的美国聚合新闻媒体 Buzzfeed 通过人工智能收集并分析网络上的各式内容和数据，当人工智能搜寻到一些受众反应不错但并不知名的内容时，会对数据进行分析，并将结果反馈给 Buzzfeed 的编辑小组，编辑小组将会迅速制作出相近的内容并且分发到各大媒体平台上，而这些本身极具潜力的内容在重新包装和分发后通常会在各大社交媒体上走红，进行病毒式传播。

## （二）人工智能帮助新媒体受众改善体验

### 1. 阅读方式

随着智能设备的不断发展，人们获取信息的方式也在不断变化。不少原来在 PC 端独占鳌头的媒体平台也纷纷推出了智能手机移动端，为的就是抢占移动端的流量，同时改善受众的阅读体验。目前中国互联网用户人均拥有智能设备数量为4.1个，他们对智能设备的使用行为在不断切换，办公室使用台式电脑或笔记本电脑，路途中使用智能手机，回到家后会使用智能电视、平板电脑、VR虚拟现实设备，而晚上出去跑步的时候会使用智能手环、智能手表。的确，越来越多的人正在使用不止一种智能设备。腾讯旗下的QQ浏览器曾推出过多端同步功能：已登录用户退出QQ浏览器但并未关闭网页，当用户下次无论通过哪种客户端使用QQ浏览器都可以自动打开上次未关闭的网页，该功能方便常切换客户端的用户使用，因此在较短时间内吸引了一大批用户下载使用。不少科技专家认为未来人们切换使用智能设备的频率会不断增加，但是这也意味着每次切换设备需要进行重复的指令动作，白白消耗时间，而人工智能的加入是改善体验空间的关键。人工智能像一个庞大的系统，连接着受众的每一个智能设备，无论受众切换至哪种智能设备，只要被同种人工智能覆盖便能建立联系，如此一来，受众即便更换了场景，他的阅读也不会被中断。例如有人在地铁上使用智能手机阅读文章，当他到站下车后，他的视线被人群阻挡或者需要用来看路，这时人工智能将识别到他的阅读场景和需求，将文章以语音的形式在他的智能耳机中继续播放，毕竟人的听觉也是接收外界信息的重要渠道，且听觉的接收难度比视觉要低，这样此人便能完整地阅读内容而不被中断。

随着新媒体的不断进化，人工智能将会一直贯穿其中，人工智能能帮助人类随时应对各种阅读情境以适配不同的阅读方式。

## 2. 阅读喜好

每个人的喜好多多少少是有区别的，从心理学角度出发，投其所好能带来更好的体验。但要掌握一个人的爱好并不是容易的事情，需要花时间去了解和记录这个人的一举一动，没有人工智能的帮助，现阶段的新媒体是很难做到的。前面提到了人工智能会收集受众的阅读行为来生成针对该受众的数据图像，并围绕着受众的喜好来分发内容。当人工智能拥有了受众的数据图像后，能够针对受众的阅读喜好来讨好受众。以一个具体情境来说明：某女士是美国民主党的支持者，非常关注美国政治方面的内容，媒体平台的人工智能系统推送给她的消息通常是民主党派的利好消息以及共和党派的负面消息，从而让她觉得她正在使用的媒体平台是和她站在同一阵线的，使用时的认同感以及阅读体验都会大幅提升。当美国总统竞选的结果公布后，若民主党人当选美国新任总统，该媒体平台则会以最快的速度向该女士传播这一消息；若共和党人赢得总统选举则不推送相关消息。这使得该媒体平台看起来似乎永远都在传递让该女士顺心的"好消息"，而"坏消息"总是来自其他媒体平台，如此一来，人类的心理因素会使得这位女士更偏向于长期使用传播"好消息"的媒体平台。因为对她而言，这样的媒体平台使用体验更佳，所以满足用户阅读喜好的体验将会是新媒体的发展方向。

### 3. 阅读延伸

传统媒体是没有"链接"这个概念的，如果想要延伸阅读或观看，得去相关机构浏览更多相关资料才有可能获取想知道的结果。而网络中的超链接技术，能将一个个物体、事件、地点、时间联系在一起。但是如果内容制作者没有那么贴心，没有将相关文章联系在一起，受众也只能花费心思去搜寻前后文；互联网百科全书也并不会完整收录任何细小或者最新发生的事物，受众可能依旧得不到想要的答案。而在视频方面，例如某场球赛出现了新面孔，却错过了对新面孔的介绍，我们可能很难马上知道这个新面孔是谁；电视剧中某个物品我们想知道怎么购买，但因为不知道其名称我们无从下手。新媒体发展到现在，受众的阅读仍然受到各种限制，仿佛被各式各样的枷锁束缚着，这是亟须释放的。但是具体情境中复杂的信息交织在一起且不断更新，简单的人力根本无法解除这些无尽的枷锁。我们还是得将这个难题交由人工智能来处理，人工智能可以使得新媒体中的一切都建立起联系，它拥有的音频图像识别能力以及不间断的学习能力能帮助我们将阅读延伸到我们所需要的每一个内容中去，例如一段视频中的某个物品，如明星的服饰，我们可以通过人工智能来与这段视频产生交互，利用人工智能帮助我们快速寻找该物品的详情，并且将阅读场景跳转至我们想要了解的相关信息。有了人工智能的帮助，即便我们得到的只是一些碎片信息，如某个电影中的短暂片段或某个视频中的一段音乐，人工智能都能识别并为我们搜寻出完整的版本。甚至一个视频中出现的某张脸，人工智能也能找出相关信息，如他的社交网络账号、职业、爱好、日常消息等，并询问我们是否关注他。

人工智能帮我们将脑海中的求知延伸到那原本漆黑一片且难以触及的未知，带来的是更加自由高效的新媒体阅读体验，这是新媒体的重大革新。

### 4. 阅读记录

新媒体中受众如果阅读到自己认为有价值的信息可以将其收藏，等到有需要时再翻出来查阅，但是每天的信息内容如洪水般汹涌而至，而人类通常受记忆曲线的限制，往往会忘却那些被收藏的有价值的信息内容，或是不断重复阅读着类似的信息内容，浪费时间与精力。人工智能可以帮我们管理这些被收藏的信息，在我们查找或阅读类似的信息时给予我们相应的提示。我们可以从实例出发：某先生数月前收藏了一篇令他相当满意的英国伦敦旅行游记，打算以后可以参考，而当他真正到达伦敦后，却忘记了这篇收藏已久、终于有实用价值的游记，幸好人工智能识别定位了该先生的所在地，判断出之前被收藏的游记内容可能会是他需要的，便温馨地给予了他相应的提示，该先生这才回想起来这些被遗忘在脑海角落却在此时无比重要的内容。不仅如此，不少受众在追寻自己所关注的社会热点时，总是苦于等待事件进展更新或结果真相大白，但是未知的时间长度会让受众的注意力渐渐转移到别的事件去，而其实受众对事件真相的求知却未淡化，人工智能能帮助受众关注后续的事件进展，并在第一时间通知受众所记录事件内容的新动态进展，仿佛是人性化的一对一服务，这样的体验是人工智能给新媒体带来的智能革新。

## 四、人工智能对新媒体的意义

### （一）商业意义

笔者整理了在线统计网站 Statista 和 TalkingData 中的数据，结果如下表所示。

2016 年中国社交媒体用户量

| 社交媒体 | 用户数量（亿人） | 所属公司 | 唯一占有率（%） |
|---|---|---|---|
| QQ | 8.5 | 腾讯 | 约 4.2 |
| 微信 | 7.0 | 腾讯 | 约 5.5 |
| QQ 空间 | 6.4 | 腾讯 | 约 1.3 |
| 百度贴吧 | 3.0 | 百度 | 约 0.12 |
| 新浪微博 | 2.2 | 新浪 | 约 0.93 |
| YY 语音 | 1.2 | 欢聚时代 | 约 0.24 |

我们从上表可以看出，2016 年中国社交媒体用户基数巨大，但唯一占有率①普遍偏低，只有个位数，有的甚至不足百分之一，这说明绝大部分的网络用户远远不止使用一个社交媒体，腾讯旗下的社交媒体虽然用户基数巨大，但并未形成遥遥领先之势，也正在面临着其他社交媒体的挑战。

在社交媒体中，用户之间的联系密切，关系复杂，有双方之间的交互，如聊天对话；也有多方对一方的追随，如关注明星博主。这些复杂的关系之中蕴含着绝不可轻视的巨大商机，新浪微博根据用户所关注的博主来分析用户的属性，从而分发合适的信息流广告；微信根据用户平时在朋友圈所发送的内容来对其定位，以帮助广告主精准地分发广告。但是大量用户每天都在进行不同的操作，其中的关系网也在时时发生着变化，社交媒体分发的广告不精准或具有滞后性很可能会引起用户反感，造成部分用户流失。社交媒体想要挖掘这块"大黄金"，随时跟上用户的脚步，甚至能预测出用户的关系网行为，单纯靠人力和数据分析是无法很好地完成的，想要更上一层楼，社交媒体需要人工智能的帮助，人工智能能帮助社交媒体梳理其中的关系。一个社交媒体可借助人工智能的帮助，率先建立起更完善、更庞大的关系网，清楚地知道每一个用户的真实想法，知道用户之间的关系，知道用户喜欢什么不喜欢什么，甚至知道用户的朋友、家人喜欢什么不喜欢什么，提前分析传播路径和预测结果，这样才能获得巨额的商业利益，快速强化自己的媒体竞争力。

---

① 唯一占有率：用户只使用该应用及相应网络而不使用其他同类应用及其网络。

## （二）政治意义

美国政府于 2016 年发布了《人工智能未来发展计划》，确定把人工智能上升到国家战略层面。人工智能其实已在美国激烈的政治斗争中被运用。中国科技媒体曾在 2016 年美国总统竞选期间对美国人工智能公司谷歌旗下的搜索引擎做过这样的测试，中国科技媒体发现在谷歌搜索"美国总统候选人特朗普"时，推荐的搜索词汇绝大部分都是负面的，如"暴发户""种族主义""歧视女性"等，而另一位美国总统候选人希拉里的推荐搜索词汇则是"自由民主""女强人""接班人"等正面词汇。人工智能可以将内容定义为正面内容或是负面内容，当内容中充斥着针对敌对势力的负面词汇或负面词汇远多于正面词汇时，人工智能会大幅增加它们的曝光机会，让其迅速传播给目标受众。反之，则可以加以限制。当一方遭受装备了人工智能的新媒体攻击而没有同等高度的应对能力时，面临的将会是毁灭性的打击。特朗普的竞选团队采用了更加高级的人工智能来应对对手希拉里的攻势，他们向数据公司购买了大量的美国成年人数据，并利用算法将这些人细分为了 32 种性格，再制作能吸引不同性格的相应的特朗普竞选广告和希拉里的负面新闻，并利用人工智能将其分发到不同的区域，不断影响目标受众，最终成功夺下了好几个原本希拉里稳操胜券的得票州。美国擅长在文化输出上大展拳脚，试图利用各种社会事件和舆论压力来给中国制造社会矛盾，阻碍中国的发展。而当美国利用其专有的人工智能系统试图侵入中国新媒体环境时，中国必须有同样或更高级的人工智能系统来为本土新媒体保驾护航才能抵御其干扰。

人工智能与新媒体都是在信息化技术的基础上诞生的，二者在底层逻辑上具有共通性。随着近年来人工智能在新媒体上的不断应用，新媒体的传播效能得以大幅提升，新媒体的传播优势也得以强化。人工智能正在逐步影响并改变着新媒体的信息生产与传播模式，这也让媒介的边界变得日益模糊。

# 参考文献

［1］叶平，罗治馨．计算机与网络之父［M］．天津：天津教育出版社，2001.

［2］大卫·西格尔．WEB 3.0：互联网的语义革命［M］．管策，译．北京：科学出版社，2013.

［3］石磊．新媒体概论［M］．北京：中国传媒大学出版社，2009.

［4］黄传武等．新媒体概论［M］．北京：中国传媒大学出版社，2013.

［5］郭庆光．传播学概论［M］．北京：中国人民大学出版社，2011.

［6］罗杰·菲德勒．媒介形态变化：认识新媒介［M］．明安香，译．北京：华夏出版社，2000.

［7］马克·波斯特．信息方式：后结构主义与社会语境［M］．范静哗，译．北京：商务印书馆，2000.

［8］戴维·波普诺．社会学［M］．刘云德，王戈，译．沈阳：辽宁人民出版社，1987.

［9］克里斯·安德森．长尾理论［M］．乔江涛，译．北京：中信出版社，2006.

［10］殷俊，袁勇麟．新媒体产业导论——基于数字时代的媒体产业［M］．成都：四川大学出版社，2009.

［11］张雷．注意力经济学［M］．杭州：浙江大学出版社，2002.

［12］宫承波，翁立伟．新媒体产业论［M］．北京：中国广播电视出版社，2010.

［13］吴小坤，吴信训．美国新媒介产业：世界传媒产业评论（第3辑）［M］．北京：中国国际广播出版社，2009.

［14］安德鲁·基恩．网民的狂欢：关于互联网弊端的反思［M］．丁

德良，译．海口：南海出版公司，2010.

［15］陆地，高菲．新媒体的强制性传播研究［M］．北京：人民出版社，2010.

［16］古斯塔夫·勒庞．乌合之众——大众心理研究［M］．冯克利，译．北京：中央编译出版社，2011.

［17］喻国明，李彪，杨雅，等．新闻传播的大数据时代［M］．北京：中国人民大学出版社，2014.

［18］李·雷尼，巴里·威尔曼．超越孤独——移动互联时代的生存之道［M］．杨伯溆，高崇，等译．北京：中国传媒大学出版社，2015.

［19］詹姆斯·韦伯斯特．注意力市场——如何吸引数字时代的受众［M］．郭石磊，译．北京：中国人民大学出版社，2017.

［20］居伊·德波．景观社会［M］．王昭风，译．南京：南京大学出版社，2006.

［21］桑斯坦．信息乌托邦［M］．毕竞悦，译．北京：法律出版社，2008.

［22］尼古拉斯·盖恩，戴维·比尔．新媒体：关键概念［M］．刘君，周竞男，译．上海：复旦大学出版社，2015.

# 后　记

在书稿即将付梓之际，我心中充满了喜悦。

本书是关于新媒体传播的一本入门教材，也可以当作了解网络新媒体世界的一本普及读物。

我要感谢王泸生、杨宁、董孟毅、武冬、甘梦珍、刘丁、曹佐武，因为这本书中有他们的努力和帮助。

本书出版时间较紧，且新媒体传播业界的变化很快，难免存在谬误及不足之处，敬祈读者批评指正。

刘雪梅

2018 年 5 月